知識ゼロからの営業入門

Introduction to Business

プルデンシャル生命保険株式会社
エグゼクティブ・ライフプランナー
川田 修
Osamu Kawada

幻冬舎

はじめに（この本を読む前に必ずお読みください！）

本書を手に取っていただいてありがとうございます。

このご縁をより意味のあるものにするためにも、「はじめに」は必ずお読みいただきたいと思います。

本書をお読みいただくにあたって、大切なことを2つお伝えしておきたいと思います。

「はじめに」からこんなことを言うのは失礼かもしれませんが、まず1つ目は、本書は本気で営業の仕事を楽しみたいと思っている人、本気で営業の仕事で結果を出したいと思っている人に、読んでいただきたいということです。

なぜこんなことを言うかというと、この「本気」というものがベースにあって初めて、本書が皆さんにとって活きたものになるからです。

先日、ある新人営業マンの方から「トップを取りたいのですがどうしたら取れますか？」という質問を受けました。私は「本気でトップを取りたいと思っているんですか？　本当にその覚悟がありますか？　もし本気なら必ずトップになれますよ」と返しました。

まずは本気で「結果を出したい」と思うことです。「結果を出せたらいいなあ」と思ってはいるが、実は本気度が足りないという人が多いのです。はじめは「結果を出したい」と強く思っていても、だんだん「出せたらいいなあ」になっていってしまう人が本当に多いのです。

まずは皆さんに**自分自身と向き合っていただきたいのです。「自分は本気で営業という仕事に取り組もうとしているか？」と問いかけてみてください。**必ずしもトップを目指さなくても、営業という仕事は、中途半端な「本気」では絶対に大きな結果は出ないということを覚えておいてください（本書にもいくつかそんなことが書かれています）。

２つ目は、どんなに本を読んでもそれだけでは結果は出ないということです。それはこの本だけではなく、どんな本であったとしても、読むだけで結果が出ることはないと私は思っています。

営業という仕事の成長は、すべて「お客様とあなたとの間にある」ということを忘れないでください。営業として結果を出したければ、成長したければ、**１人**

でも多くのお客様に1回でも多くお会いすることです。本書はそのきっかけづくりでしかありません。

「本気で営業という仕事に取り組む覚悟ができ、お客様にさまざまなことを教えていただくこと」。それができる人が、営業の仕事を楽しめる人間に成長していくことができるのだと思います。

この本をきっかけに、1つでも何かをつかんでいただき、お客様との間にあなた独自の物語をたくさんつくってください。

本書は表面的なノウハウだけでなく、営業という仕事の本当の面白さや喜び、やりがいなども、皆さんにお伝えできたらと思ってつくりました。

この本が皆さんの仕事や人生のお役に立てることを願っています。

二〇一二年一月

川田　修

『知識ゼロからの営業入門』目次

第3章　お客様は「感情」で商品を購入する……64

第5章　売れる営業マンと売れない営業マンの違い……116

第1章

営業の第一歩は「アポイント」を取ること

営業の仕事の第一歩は、お客様に会っていただく約束をするために、アポイントを取ることです。万全に準備をしたら、断られることを恐れずにアタックをしましょう！第1章ではアポイントを取るために欠かせないテクニックやコツを紹介します。

アポイントの流儀

01 電話をかける前に、自分の身だしなみをチェック
≫ オフィスにいる「普段の姿」も目に見えない「空気」となってお客様に伝わります

02 言葉遣いには常日頃から気をつける
≫ 契約は「取る」ものではなく「お預かりする」ものや「していただく」ものです

03 お客様から罵倒されたり、ガチャ切りされてしまったら?
≫ 小さなプライドは上手に捨てていくことが仕事を続けるコツです

04 アポ取りの電話が憂鬱で仕方がないときは?
≫ 「NO」と言われた回数を「断られ目標」にして、自分にご褒美をあげましょう

05 アポ取りのときは、商品の説明をしてはいけない
≫ アポ取りの電話では、商品の説明はせず、会う約束をすることのみに徹底しましょう

06 アポイントが全然取れなかったら?
≫ とにかく必死に「練習」=「ロールプレイング」するのみです

07 アポイントがいきなりキャンセルされたら?
≫ キャンセルの連絡には前向きに明るく対応して、次のアポイントに繋げましょう

08 安定した業績を上げるアポ取りのコツとは?
≫ 3週間先のスケジュールまで管理してアポイントを入れましょう

09 うまくいかないとき、仲間となぐさめ合うのはダメ?
≫ 悪い流れから抜けだすために実績を上げている人たちのそばに行きましょう

10 新人が絶対にしてはいけない失敗とは?
≫ 新人にはしてはいけない失敗も失うものもありません

01 電話をかける前に、自分の身だしなみをチェック

さぁがんばって
アポを取るぞ!
はりきるのはいいけどその前に自分の服装を見てみろよ
!?
たとえ社内でもそれは営業マンとしての正しい姿か?
先輩!

オフィスにいる「普段の姿」も目に見えない「空気」となってお客様に伝わります

会社から教わる営業の方法や商品紹介の仕方、扱う商品の種類は誰もが同じはずです。なのに、どうして売れる人と売れない人の差がつくのか、不思議ではありませんか?

職種にもよりますが、ワイシャツの袖をまくらない。ネクタイはしっかり締める。お客様の前ではきちんとした服装をする。これらは営業マン・ウーマンにとって基本中の基本ですが、実はオフィスにいるときの身だしなみにも注意が必要です。

なぜなら、お客様が買っているのは商品だけではありません。目に見えない「空気」も一緒に買っているのです。「空気」とは、会社の企業理念や、営業マン・ウーマンの気遣いや心配り、そして普段の言動によって

スキルUP 「営業」で大切なのは小さなことの積み重ねです

　私は家に帰ればラフな服装をしていますが、オフィスにいるときは絶対にワイシャツの袖をまくりません。ネクタイをゆるめることも、サンダル履きで社内をうろうろすることもありません。そのような細かい部分にも気を遣うことが、営業マンとしての自分の「空気」をつくっていくと考えているからです。ささいなことだと思うかもしれません。でも、そんな「ちょっとしたこと」の積み重ねが、「営業」という仕事で最も大切なことなのです。

営業マン・ウーマンの身だしなみ

髪：仕事の邪魔にならない髪型
顔：健康的で自然なメイク
顔：ひげのそり残しなどがない
髪：適度に短く清潔感がある
服：体に合ったサイズの服で、きちんとアイロンがかかっておりシワがない

つくられていくものです。

　ラフな服装で電話をすれば、それも「空気」となってお客様に伝わってしまいます。ですから、電話をかける前には必ず自分の身だしなみをチェックしましょう。

　たとえ目の前にいなくても、お客様はあなたを見ています。いえ、観ています。常にそう意識して行動していくことが、優秀な営業マン・ウーマンになるための第一歩になります。

社内でも気を抜かずきちっとした服装で仕事をしないといけないんだな

02 言葉遣いには常日頃から気をつける

よーし、しっかり契約を取るぞ！
契約を「取る」か……
えっ。私、また何か間違ったことを？
間違ってはいない。ただ……

契約は「取る」ものではなく「お預かりする」ものや「していただく」ものです

「契約を取る」という言葉は、営業の世界ではごく一般的に使われている表現のひとつです。でも、自分をお客様の立場に置き換えてみると、不愉快な気持ちになりませんか？

「取る」という言葉には、まるで獲物を狙うハンターのようなニュアンスが感じられます。「契約」は、お客様から「お預かりする」または「していただく」ものであって、「取る」ものではないはずです。

「お客様の前では、絶対にそんな言い方はしない」と思うかもしれませんが、そういう問題ではないのです。日常的に使っている言葉は「空気」となって伝わってしまいます。そんな雰囲気が感じられる営業担当者からは、お客様は決して商品を購入しよ

お客様への正しい言葉遣い

契約を取る
契約をお預かりする
契約をいただく

尊敬語、謙譲語、丁寧語の３種類の敬語を使いこなしましょう

基本語	尊敬語	謙譲語	丁寧語
言う	おっしゃる	申す、申し上げる	言います
見る	ご覧になる	拝見する	見ます
読む	お読みになる	拝読する	読みます
聞く	お聞きになる	伺う、承る、拝聴する	聞きます
知っている	ご存じだ	存じる、存じ上げる	知っています
わかる	おわかりになる	承知する、かしこまる	わかります
思う	思われる	存じる、存じ上げる	思います
いる	いらっしゃる	おる	います
する	なさる	いたす	します

うとは思わないでしょう。

目に見えない「空気」をつくりだすのは、服装だけではありません。普段の言葉遣いがとても大切なのです。営業マン・ウーマンは、このことをしっかりと胸に刻んでおきましょう。

スキルUP お客様は「空気」を読む天才です

お客様は「空気」を読む天才です。目の前にいる私たちを見て、「普段のオフィスにいる私たち」も感じ取っています。お客様と対面したときだけ態度を取りつくろっても、その人の本音や人間性は簡単に見抜かれてしまうのです。だから私は、オフィスにいるときでも「契約を取る」という言い方は絶対にしません。営業という職業は、普段の服装、言葉遣い、考え方……、それらのすべてがつくりだす一人ひとりの「空気」で判断される仕事です。

03 お客様から罵倒されたり、ガチャ切りされてしまったら？

私、○○商事の……
うっせーな、忙しいんだよ！
ガチャン!!

小さなプライドは上手に捨てていくことが仕事を続けるコツです

アポイントの電話をかけたり、電話営業などをする際に、お客様から冷たい言葉を投げかけられたり、ガチャンと切られてしまうことがあります。

これは営業という仕事を選んだ以上、誰もが体験することではありますが、最も辛いことのひとつでもあります。自分という人間がすべて否定されたような気持ちになって、絶望的な心境におちいることもあるでしょう。

でも、お客様に拒否されたのは、「あなた」ではありません。お客様が否定されたのは、それまでの商品や業界や会社に対するイメージであって、自分自身ではない――。

そう考えて深く落ち込まないように注意する。これは営業の仕事をするうえで、非常に大切なことです。

「営業」という仕事は、ある部分ではプライドを捨てなければ続けられない職業です。仕事に対する誇りや目標など守るべき大きなプライドは大切にしなくてはなりませんが、小さなプライドは上手に捨てていく。それがこの仕事を続けていくための大きな秘訣です。

アポ取りでいちばん大事なのは自信を持って電話をすることなのね

お客様に電話をかけるときの心得

下記の心得をしっかり胸に刻んでから、
お客様に電話をかけましょう

①かける前の準備は万全に

先方の電話番号、会社名、部署、役職名、氏名を確認しておく。必要な書類があれば、それも手元に用意しておきましょう

②時間帯を考慮する

始業時間や終業時間前後などの忙しい時間帯、都合が悪そうな時間帯は避けましょう。いつ電話をかけても「今、1、2分お時間よろしいでしょうか」と確認するひと言は忘れずに

③電話はゆっくり堂々と笑顔で

あせって早口で話をすると、自信がないように思われてしまいます。あえてゆっくりと話すように心がけましょう。また、電話では表情は見えませんが、笑顔で話したほうが声にハリが出ます

④あいさつをして電話を切る

最後のあいさつに、「お会いできることを楽しみにしております」のひと言を付け加えて電話を切ります。お客様が先に切ったことを確認してから静かに電話のフックを押さえて受話器を置きましょう

スキルUP お客様に否定されたのは「あなた」ではありません

面識のないお客様に電話をして、アポイントを取りつける。「アポ取り」は営業にとって切っても切れない仕事ですが、実は私もいまだに苦手です。勇気を出して電話をかけたのに、あっさり断られてしまったらどうしよう、と考えると逃げたくなったりもします。でも、覚えておいてください。たとえお客様に断られても、否定されたのは「あなた」ではないということを。そして、それを乗り越える方法を次ページで詳しく解説しましょう。

04 アポ取りの電話が憂鬱で仕方がないときは？

その様子だとアポ取りが苦手みたいね
は、はい……
それなら、いい方法があるわよ！

「NO」と言われた回数を「断られ目標」にして、自分にご褒美をあげましょう

「アポ取り」は、経験を積んだベテランでも緊張を要する気の重い仕事でもあります。

勇気を出して1本目の電話をかけられれば、たとえ断られても2本目、3本目と電話ができるようになりますが、お客様に「NO」と言われれば、やはりブルーな気持ちになります。

そんなマイナスの気分を払拭するためには、少しでも楽しく仕事を行う工夫が必要です。たとえば「NO」を受けた数を目標にするのです。

自分で「断られ目標」を設定して、アポ取り電話をして断られるたびに「正」の字を手帳に記していく。目標の100まで行ったら、ご褒美としておいしいものでも食べに行く、といった自分への特典も考えておく。

「断られ目標」を立てて、苦手なアポ取りを克服！

私は、アポ取りで断られた回数を「正」の字をつけて数え、職場の仲間と数の多さを競っていました。このような工夫で、断られるマイナスな気持ちをプラスに転換させることができました
よしっ！また断られたぞ！
断られ目標
目指せ100回!!
達成したら焼肉！

そうすることで、アポが取れても取れなくても目標に近づけるようになり、ハッピーな気分になれます。

マイナスな気分を認めつつ、プラスに変換していく。このような工夫も、営業の仕事には必要なのです。

スキルUP まず弱い自分を認めて克服する方法を考えましょう

「断られ目標」は、実際に私が行った工夫のひとつです。職場の仲間と競争すると、より効果が上がります。職場の仲間や家族に「○時に電話をかけるから、もし電話しなかったら注意してほしい」と頼んだこともあります。そうして自分を追い込むことで、不思議とスムーズに電話ができるようになりました。嫌なことから逃げてしまう弱い自分を認めて、それを克服する方法を考える。これはどんな仕事にも必要な心構えではないでしょうか？

05 アポ取りのときは、商品の説明をしてはいけない

ですから
我が社の商品は……
あ、
お客様!
ハァ…
ハハハ、
そうですね、
ハイ!
ガチャ
では明日の14時に
よろしく
お願い致します!
先輩の電話は
会う約束だけで
商品の説明なんて
しないんだな
……

アポ取りの電話では、商品の説明はせず、会う約束をすることのみに徹底しましょう

アポ取りを成功させるコツは、商品の説明をしないことです。

といわれても、ピンと来ない人が多いかもしれませんが、実績を上げている営業マン・ウーマンの多くは、アポイントを取る段階では商品の詳しい説明をしていません。

アポ取り電話の目的は、あくまでも「アポイント」を取ること。

当たり前のことのように思えるかもしれませんが、実際にはその目的を忘れてしまう人が大勢いるのです。

電話で商品の説明をして断られてしまったら、それ以上詳しい話をすることはできません。でも、お客様に直接お会いして話ができれば、さまざまな対応が可能になります。

電話でアポイントを取る流れ

①まずはあいさつをして名乗る

私、○○社の○○と申します。いつも、お世話になっております。販売促進室の山田様はいらっしゃいますでしょうか？

②相手の現在の状況を確認し、会いたい旨を伝える

今、1、2分お時間をいただいてよろしいでしょうか？

このたび、リニューアルいたしました商品につきまして、ぜひご説明にお邪魔させていただきたいのですが……

③日時を決める

来週の月曜日と水曜日※では、どちらのほうがご都合よろしいでしょうか

※アポイントでは、選択肢を挙げてお客様に選んでもらうようにする

④確認をして締めくくる

かしこまりました。それでは、○月×日の午後2時に御社にお伺いいたします。お会いできることを楽しみにしております

ですから、まずはお会いする約束をすること。これがアポ取り電話の目的であり、何より大切なことです。扱う商品やシチュエーションによっても異なるので一概にはいえませんが、「アポ取りでは「本来の目的」を忘れないように注意しましょう。

スキルUP お客様に会う理由は商談でなくてもかまいません

テレアポの目的は「アポイント」を取ることです。お客様にお会いすることが目的なのですから、商談のためでなくてもかまいません。極端なことをいえば、「私はお笑いの○○に似ているんですが、ご覧になりたくありませんか？」などと言って、アポイントをいただいてもよいわけです（もちろん嘘はダメですが……）。すべては会わなければ始まらない。それを忘れないように心掛けましょう。

06 アポイントが全然取れなかったら？

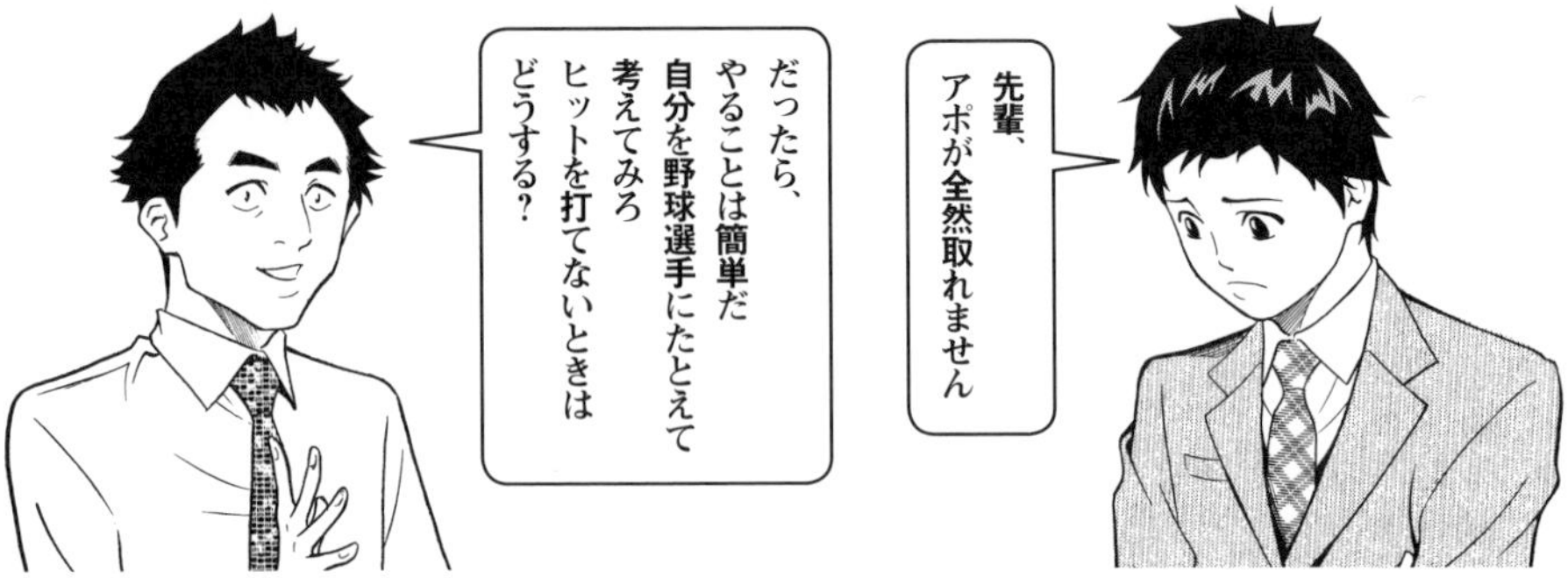
先輩、
アポが全然取れません
だったら、
やることは簡単だ
自分を野球選手にたとえて
考えてみろ
ヒットを打てないときは
どうする？

とにかく必死に「練習」＝「ロールプレイング」するのみです

アポイントがなかなか取れない。あるいは、商談が成功しない……。

仕事をしていると、うまくいかないことがたくさんあります。そんなときにはどうしたらいいのか？

答えは簡単です。自分を野球選手に置き換えて考えてみてください。

もしもヒットが打てなかったら、素振りをするはずです。ピッチャーだったら投げ込みをしたりと、とにかく必死に「練習」をしますよね。

営業の仕事も同じです。とことん練習するしかありません。営業における「練習」とは、ロール・プレイング（ロープレ）です。

先輩や同僚を相手にシミュレーションを繰り返し、「ゆっくり」「明るく」「堂々と」話せるようにする。お客様に「会ってみようかなぁ」と思っていただけるような話し方を習得する。

営業としてのスキルを向上させていくには、ロープレを毎日続けていくしかありません。プロ野球でも、練習しないで活躍できる選手なんてひとりもいないはずです。

なげく前に毎日「練習」を積み重ねましょう。

営業マンも
スポーツマンと同じで、
毎日繰り返し練習することが
大切なんだな

成果を上げるためには、練習・検証・実践あるのみ

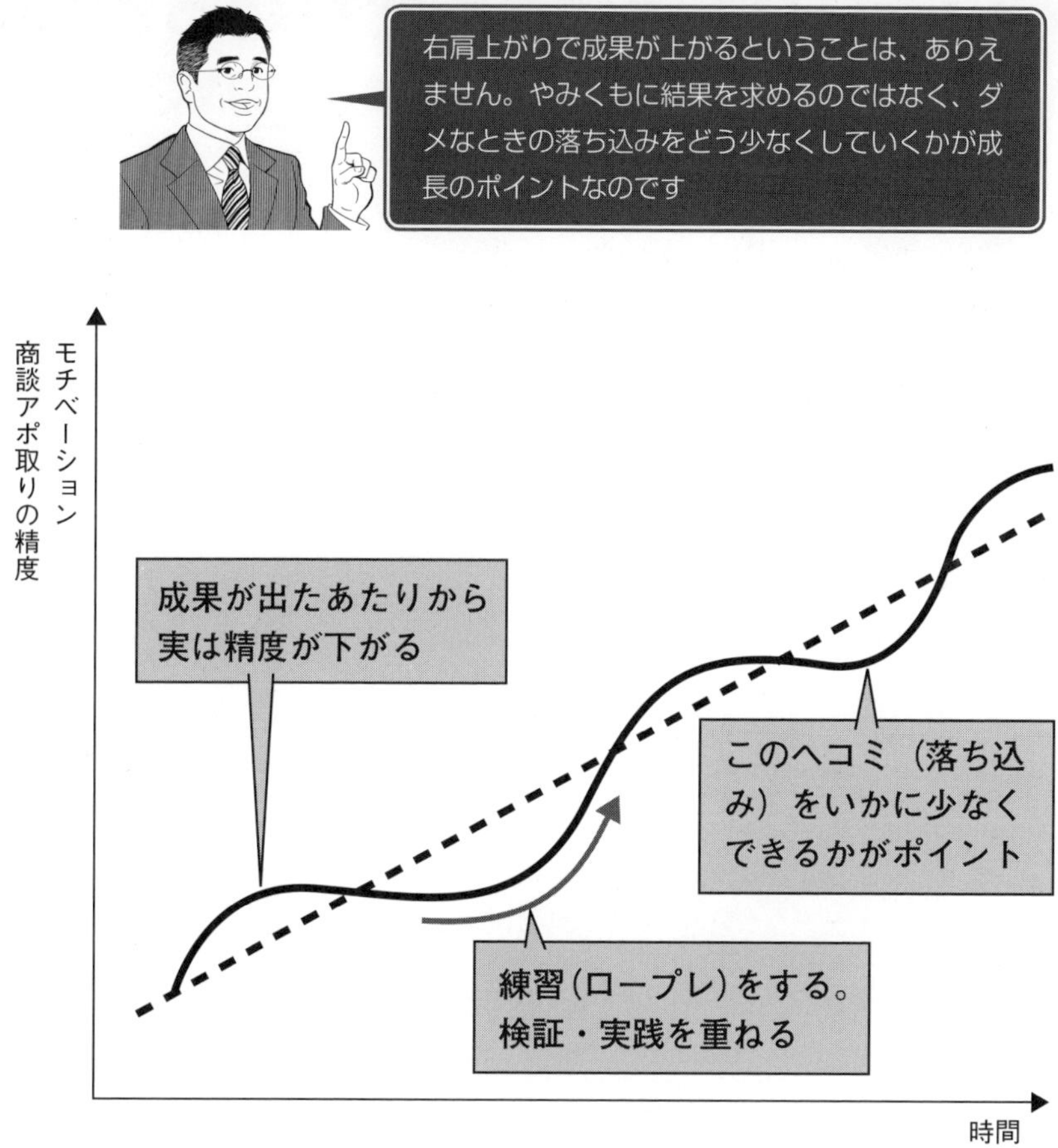
右肩上がりで成果が上がるということは、ありえません。やみくもに結果を求めるのではなく、ダメなときの落ち込みをどう少なくしていくかが成長のポイントなのです
モチベーション
商談アポ取りの精度
成果が出たあたりから実は精度が下がる
このヘコミ（落ち込み）をいかに少なくできるかがポイント
練習(ロープレ)をする。検証・実践を重ねる
時間

スキルUP 仕事もスポーツも練習・検証・実践を繰り返しましょう

結果が出ないときは「練習」をする。スポーツだったら当然のことですよね。営業も同じです。毎日ロープレをしてトークを磨くしかありません。練習をしたら、検証することも大切です。自分の話し方は何がよくて、何が悪いのか。たくさん練習をして、きちんと検証していけば、商談のスキルも確実に上達していくはずです。そして、もうひとつ大事なのは実践。これもスポーツと同じです。練習・検証・実践を繰り返すことで上達していくのです。

07 アポイントがいきなりキャンセルされたら？

あのぉ、申し訳ないんだけど、急用ができたので、今日の約束はキャンセルさせてもらえないかな？
ええっ

キャンセルの連絡には前向きに明るく対応して、次のアポイントに繋げましょう

苦労に苦労を重ねてやっと取れたアポイントが、お客様の都合で当日になっていきなりキャンセル……！

歓迎したくない事態ではありますが、営業の仕事をしていれば、誰もが必ず経験する場面です。

でも、ガッカリするのは心の中だけにとどめておいて、その瞬間だけでも「明るく対応」することが大切です。どのみちキャンセルされてしまうのなら、変に抵抗してもお客様の気分を損ねるだけです。それよりも、相手の気持ちを想像してみてください。

きっと申し訳ないと思っているはずです。それなら明るい声で気持ちよく対応したほうが、今後も良好な関係を築いていけるでしょう。

できるだけ爽やかに先方の申し出を快諾した後に、「では、次のアポイントはいつにしましょうか？」と切り出せば、きっと次の約束ももらいやすくなるはずです。

キャンセルされても、前向きな態度で明るく対応する。これが次のアポイントへと繋げるコツなのです。

キャンセルはもう決まってしまったことなのですから、それならば相手にいい印象を与えて次に繋げたほうがいいですよね

スキルUP　嫌な連絡にこそ爽やかに対応しましょう

自分が何かの約束を断るときは、電話をかけにくいものですよね。お客様も電話はかけづらかったはずです。だから私はあえて明るく「まったく問題ありません」と言うようにしています。さらに「私は忙しい人が大好きですから、お会いできるのが楽しみです」とひと言付け加え、最後に「お仕事頑張ってください！」と爽やかに相手を気遣って電話を切ります。「歓迎されないはずの電話を明るく対応してくれた」。お客様にそう感じていただけたら、次は絶対に会おうと思っていただけるのではないでしょうか。

アポイントをキャンセルされたときの受け答え

今日はキャンセルさせてもらえないかな
ガッ
ポロッ
か、かしこまりました！まったく問題ありません
では、次のアポイントはいつがよろしいでしょうか？
はい、はい……かしこまりました
では失礼致します。お仕事頑張ってください！
カチャ

08 安定した業績を上げるアポ取りのコツとは？

スケジュール帳に記されたアポは、
翌週に５件、翌々週は０件、翌々々週も０件。

先輩、アポがたくさん入りました！

再来週とその翌週は？

日	月	火	水	木	金	土
1	2	3	4	5	6	7
8	9 商談	10 商談	11 商談	12 商談	13 商談	14
15	16	17	18	19	20	21
22	23	24	25	26	27	28
29	30	31				

それはまた来週になったら考えようかと……

いや、それでは遅いんだ

3週間先のスケジュールまで管理してアポイントを入れましょう

安定したアポイントを確保していくための秘訣は、「翌々週と翌々々週」のアポイントを常に入れ続けていくことです。

週末になって慌てて翌週のスケジュールを埋めようとしたり、月曜日にその週のアポを取り始めたりしていたら、いつも「目の前のこと」だけで頭がいっぱいになってしまって、自転車操業のように切羽つまった毎日を送ることになってしまいます。

でも、「翌々週と翌々々週」のアポが常に入っていれば、「目の前のこと」で焦る必要はありません。

その週のスケジュールはすでに確定しているのですから、精神的にも時間的にも余裕が生まれ、緊急では

スキルUP 結果は管理できませんが、プロセスは管理できます

営業は相手あっての仕事です。万全の準備をして商談に臨んでも、必ずよい結果が出るとはかぎりません。契約や申し込みといった「結果」は、お客様の事情や感情次第ですから、自分で管理することはできません。でも、そこに至る「プロセス」は自分で管理することができます。プロセスとは、新規のアポイントを入れること。先々の予定まで見据えて計画的なスケジュールを組んでいくことで、「よい結果」を出せる確率を上げていきましょう。

3週間先のアポイントを入れる

日	月	火	水	木	金	土
1	2	3	4	5	6	7
8	9 商談	10 アポ取り 商談	11 商談	12 アポ取り 商談	13 商談	14
15	16 商談	17 アポ取り 商談	18	19 アポ取り	20 商談	21
22	23	24 アポ取り	25 商談	26 アポ取り	27 商談	28
29	30	31 アポ取り				

翌週のアポイント数：10

翌々週のアポイント数：6

翌々々週のアポイント数：2

翌週のアポイント数を10件としたら、翌々週は6件、翌々々週は2件くらい入っていることを目安にアポイントを入れるように心掛けましょう

営業は
スケジュールが
命だ！

ないけれども、重要なことに意識を向けることができるようになります。たとえば、顧客リストの整理をしたり、アポ取りに役立つ情報がほかにないかを探したりすることができます。すると、結果として新規のアポがグッと取りやすくなります。

営業という仕事は、コンスタントに結果を出していかなければなりません。そのための第一歩がアポ取りです。〝アポ取りをする時間〟を自分のスケジュールの中に事前に組みいれ、大切な時間として位置づけましょう。

09 うまくいかないとき、仲間となぐさめ合うのはダメ?

今日は全然アポいただけてないよ……
あはは……、私なんて昨日もよ
へへ……、甘いね 僕なんて3日連続だよ

悪い流れから抜けだすために実績を上げている人たちのそばに行きましょう

仕事がうまくいかないときや、悩みがあるときに、会社の仲間や先輩に打ち明けて相談に乗ってもらうのは、とてもよいことです。

営業という仕事は基本的にはひとりで行うものですから、孤独な気分におちいりがちです。でも、同じ目標や使命感を持って働いている仲間がいることが大きな支えになります。

ただし、注意しなければならないことがあります。それは実績の上がらない者同士で集まらないことです。

同じような成績の者同士で集まれば、プライドが傷つくこともありませんし、居心地もよいでしょう。

ですが、傷をなめあうような会話ばかりをしていると、いつの間にか負のオーラに染まってしまい、そこから抜けだすのが本当に難しくなってしまいます。

人間は楽なほうへと流されるものですが、そこでブレーキをかけて流されないように注意してください。仕事がうまくいかないときは、実績を上げている先輩・同僚に相談しましょう。相談できなければ、そばにいるだけでもよいのです。

なんだか新人たちのところに負のオーラが見えるわね

スキルUP 実績が次への自信を生み よい仕事の流れをつくります

仕事というのは、たとえていうなら「雪だるま」をつくるようなものです。雪だるまをつくるときは、まず小さな雪玉をつくって雪の上を転がし、大きな雪玉にしていきますね。初めは小さな雪玉でも実績やそこから来る自信が後押しをして、どんどん大きくなっていきます。一度よい流れができれば、ますますよいことが起こるようになります。これをイメージすれば「きれいで大きな雪だるま」ができあがります。しかし、悪い流れになればどんどん悪い方向に流され、その流れを止めることができなくなってしまいます。これでは、できあがるのは黒くてきたない「雪だるま」になってしまいます。どうか仕事によい流れをつくり「白い雪だるま」をつくってください。

「白い雪だるま」を転がそう

仕事のよいリズムができあがると、ますますよいことが起こるようになる。
ころころ…

悪い流れにはまってしまうと、その流れは止められなくなってしまう。
ぐぐ…

10 新人が絶対にしてはいけない失敗とは？

いよいよ明日、初めてお客様に会う。大失敗をしでかさないか心配だ……
「○△×◇！！」

新人の頭の中で失敗して怒られる自分の姿などのイメージがふくらんでいる

新人にはしてはいけない失敗も失うものもありません

初めてのテレアポも緊張するものですが、お客様と初めて会うときはさらに緊張が高まります。

どんなふうにあいさつしたらいいのか、どんな話をすればいいのか、ミスをしてお客様を怒らせてしまったらどうしよう……など、さまざまな不安が込み上げ、会うのが怖くなってきます。

でも、大丈夫。新人にはかいてはいけない恥なんてありません。

学生スポーツなどの新人戦でエラーをして負けてしまっても、いつか笑い話に変わるように、もしも何か失敗をしても、いつかは笑って話せるようになります。

新人には、失うものなんて何もありません。粗相をしてしまったことで、逆にお客様に顔と名前を覚えていただけたという営業マン・ウーマンも大勢いるくらいです。

だからといって、ミスをしてもよいわけではありませんが、どんな失敗をしても許されるのは新人のときだけの特権です。

何があっても、意外と何とかなるもの。出たとこ勝負ぐらいの気持ちで、お客様の前に立ってください。

よしっ、行くぞ！何とかなるさ

あいさつはできない、お茶はこぼす、初訪問はさんざんだったけれど……

スキルUP　私も失敗しましたが、今では笑い話です

初めてお客様とお会いしたときは、私もすごく緊張しました。今考えると不思議なくらい営業に行くのが怖かったのです。失敗もやらかしました。お客様のところでお茶をこぼして、相手にかけてしまったのです。そのときは大パニックになりましたが、今ではもう笑い話です。もし仮に顔から火が出るような大恥をかいたとすれば、それは伝説の笑い話として語り継がれるでしょう。何をやってもよいのが新人です。新人が絶対してはいけないミスなんて何もないのです。

Check!

営業力チェックリスト……1

営業の第一歩「アポイント」を取るときのポイントをチェックしましょう。

01 □ 電話をかける前に、自分の身だしなみをチェック

お客様の前にいるときだけちゃんとした格好をすればよいというものではありません。目に見えない「空気」もお客様に買っていただいているということを忘れずに。

02 □ 言葉遣いには常日頃から気をつける

契約はお客様から「取る」ものではなく、「お預かりする」「していただく」ものです。普段の言葉遣いにも注意しましょう。

03 □ お客様から罵倒されたり、ガチャ切りされてしまったら?

お客様に否定されたのは自分自身ではないと考えましょう。拒絶されるのは誰しも辛いことですが、必要以上に落ち込まないようにすることが大切です。

04 □ アポ取りの電話が憂鬱で仕方がないときは?

「NO」を言われる数を「断られ目標」にして、自分にご褒美を設定しましょう。これで、アポが取れても取れなくても、目標に近づく喜びを感じられます。

05

□ アポ取りのときは、商品の説明をしてはいけない

アポイントを取る段階では、商品の説明をしてはいけません。アポ取りの目的はあくまで「お会いする約束をする」ことです。

06

□ アポイントが全然取れなかったら?

とにかく「練習」あるのみ。営業の仕事も、上達のコツはスポーツと一緒で、何度も繰り返し練習するしかありません。先輩や同僚相手にトークの練習をしましょう。

07

□ アポイントがいきなりキャンセルされたら?

明るく爽やかに先方の申し出を快諾しましょう。ガッカリする気持ちをお客様にむけて出してしまってはいけません。次のアポに繋げることを考えましょう。

08

□ 安定した業績を上げるアポ取りのコツとは?

3週間先のアポまでを視野に入れておきます。目の前のことだけに追われずに、常に余裕を持って先の予定を入れておくことで、安定してアポが取れるようになります。

09

□ うまくいかないとき、仲間となぐさめ合うのはダメ?

会社の仲間や先輩に仕事の相談に乗ってもらうことはよいことです。実績を上げている先輩は怖いものですが、逃げずに勇気を出して相談を持ちかけましょう。

10

□ 新人が絶対にしてはいけない失敗とは?

新人には失うものはありません。してはいけない失敗もありません。初めての訪問などは緊張するでしょうが、「何とかなる!」という気持ちで臨みましょう。

営業は「ものを売る仕事」ではない

営業とは、ものを売る仕事だと思っている人は多いと思います。私自身も最初はそう思っていたのですが、経験を重ねるにつれて、そうではないと思うようになりました。

営業というのは、実はお客様の問題を解決する仕事なのです。

そのことを理解できるかどうかが、売れる営業マン・ウーマンと、そうではない人の大きな違いになっていきます。

新人は、お客様にとってその商品が本当に必要なのかどうか、といったことを何も考えずに、とにかくものを売ろうとしてしまいがちです。たとえ商品が売れたとしても、自分の力で売ったと勘違いしないように注意したほうがよいでしょう。

たまたま、お客様が自分の問題を解決するために、その商品が必要だと思ってくれただけであって、営業マン・ウーマンの力で売れたのではないかもしれないのです。

本当の意味で「ものを売る」ために必要なのは、お客様が困っていることはないかと、まずは話を聞くことです。

たとえば、求人広告の営業だったら、ただ「広告を買ってほしい」と言うのではなく、人材で困っていることはないかとまずは話を聞いてみるとよいでしょう。すると、定着率が低い、よい人材が採れない、入社した人のモチベーションが低いなどといった、お客様が抱えている問題点が見えてきます。

そこで初めて、よい人材を採用するためにはどんな広告が必要なの

ねえ、営業の仕事って いったいなんだと思う？
えっ ものを売ることだけじゃないの⁉

か、という話になっていくわけです。

きちんとしたヒアリングができれば、「顕在化しているニーズ」だけではなく、お客様が気がついていなかった「潜在化しているニーズ」を発見することもできます。

そうした問題点を解決するために、自分の商品を提案できるようになれれば、結果として多くの商品を売ることができるわけです。

ですから、営業先に行ってやるべきなのは、「とにかく売ろう！」とゴリ押しするのではなく、まずはお客様が何か困っていることはないかと尋ねてしっかり話を聞くこと。そして、問題点があれば一緒に考えて、問題を解決するために自分の商品が使えるかどうかを検討することです。

「お客様の問題を解決することが、営業の仕事」。このような発想ができるようになれば、あなたの営業成績も自然に伸びていくことでしょう。

第2章

商談を始める前からお客様はあなたを見ている

営業の仕事は商談の前から始まっています。いついかなるときでも、お客様が自分のことを見ているという意識を持って、行動しなければなりません。

第2章では商談前の心構え、初訪問で気をつけることを紹介します。

初訪問の流儀

01 お客様を訪問するときの服装は？ » 服装選びのポイントはマイナスの印象を与えないものを選ぶことです

02 最初のアポイントに必要な持ち物とは？ » 初訪問では持ち物よりもお客様や会社の様子を観察することが大事です

03 アポイントに遅刻しそうなときは？ » 数分の遅れでも電話をかける。普通の営業ならしないことがお客様に強い印象を与えます

04 商談先では車を止める場所も重要！ » 営業マン・ウーマンは「訪問者」。車は建物の入口から最も遠いところに止めます

05 「お掛けになってお待ちください」と言われたら？ » 営業は「お客様」ではありません。すすめられても決して座らずに何分でも待ち続けるべきです

06 営業かばんはどこに置く？ » かばんは「土足」と同じ!?　ハンカチを敷いて営業かばんはその上に

07 名刺交換で気をつけること » 名刺交換をするときはテーブルを挟んでではなくお客様のすぐ近くでします

08 初訪問では初めに何を話せばいい？ » 名刺の裏面にプロフィールを。共通点が見つかれば会話は自然に盛り上がります

09 会社説明と自己紹介はじっくり丁寧にすべき？ » 会社説明と自己紹介はできるだけ簡潔に済ませるように心掛けます

10 お茶やコーヒーを出していただいたときは？ » 感謝の気持ちを忘れずに、お茶を出してくれた人に対して必ずお礼を言いましょう

01 お客様を訪問するときの服装は？

大事な商談だから
ビシッとキメたのに…
お客様が地味で
俺だけ浮いているよ…

服装選びのポイントはマイナスの印象を与えないものを選ぶことです

営業という仕事は、ファッションも重要です。スーツ、ワイシャツ、ネクタイ、靴、時計……。どんなものを選べばよいのか、誰もが一度は頭を悩ませたことがあるでしょう。

服装を考えるうえで最も大切なのは、お客様に「マイナス」の印象を与えないことです。

業種などによって異なりますが、たとえば、生命保険の営業マンが海外ブランドの派手なスーツに派手な色物のシャツを着ていたら、お客様はどう感じるでしょうか？

「人の生命に関わる保険商品を扱う人間が、服装で自己主張する必要があるのか」と不快に思われるかもしれません。最初にマイナスの印象を与えてしまったら、商談を成立させるのは非常に困難になります。

理想的な服装は、売りたい商品の種類やお客様の年齢などによっても異なります。ただし、どんな場合にも共通していえることは、自分が主ではなく、あくまでもお客様を主に考えるということ。自分の感覚で「かっこいい」「オシャレ」というものよりも、お客様に好感を持っていただけるものを選ぶことです。

〈スーツは何着あればよい？〉

いつも同じスーツでは清潔感に欠け、スーツが傷むのも早くなってしまいます。最低でも３着はあるとよいでしょう。

シャツや靴下、またはストッキングは６枚以上用意しておくと便利です。週末まで洗濯ができなかったとしても１週間を乗り切れます。

スーツ選びの基本

営業マンの理想の服装

シングル2つボタン

最も一般的なシンプルなスーツの形。体形を選ばず、誰にでも似合う

シングル3つボタン

シングル3つボタンスーツは、最近のトレンド。ファッションに個性が求められる場で効果が期待できる

営業ウーマンの理想の服装

ジャケット

ベーシックなスーツが基本のスタイル

パンツ・スカート

ジャケット+パンツまたはスカートのスタイル。動きやすく汚れが目立たない素材や色を選ぶ

スキルUP 服装を変えることで自分の視点も変わりました

私は、スーツは紺かグレー、ワイシャツは白しか着ません。新人の頃は茶色やグレンチェックのスーツなど自分が好きなものを着ていたのですが、今の会社に転職したときに先輩からアドバイスされて服装をがらりと変えました。すると、不思議なことに気持ちにも変化が生まれたのです。スーツの色を変えたことで、常にお客様の視点で物事を考えられるように自分の視点も変わりました。すべては「お客様がどんなふうに感じているのか」が大切なのです。一度立ち止まって考えてみませんか。

営業マンのスーツスタイルの基本

襟・袖
それぞれスーツから１cm
くらい出るように
背中
背中のラインが横から見
てS字になるように
お尻
ジャケット
はヒップが
隠れるくら
いの着丈に
肩
肩幅がジャストサイズに
なるように
腰
パンツの腰まわりはダブ
つきすぎず、きつすぎな
いように
靴
色は黒が基本。靴下は靴
の色と合わせ、座ったと
きにすねが出ないように
長めのものを

〈ネクタイの選び方〉

最近ではノーネクタイのジャケットスタイルも見かけますが、ネクタイ着用が正式なスタイルです。

【柄と特徴】

無地：色の持つ意味を直接的に印象づける
チェック：親しみやすい雰囲気を出せる
小紋（一面に細かい模様を散らした柄）：模様が小さく密であるほどフォーマル
ドット（水玉模様）：ドットが小さいほどフォーマル

営業ウーマンのスーツスタイルの基本

シャツ・ブラウス
ボタンをはずしすぎたり、襟を開けすぎたりしないように
ジャケット
タイトすぎるものは、動きにくいので避ける
パンツ
控えめなデザインで動きやすいパンツスーツがおすすめ
靴
色は黒が基本。動きやすいパンプスを選ぶ

〈化粧〉

職場では、濃い化粧もノーメイクも相手に失礼です。第一印象が決まる大事なポイントとなるので、上品なナチュラルメイクを心掛けましょう。自然光が入る明るい場所でメイクをしたほうが、自然な仕上がりになります。

〈アクセサリー〉

リングやネックレスは細身のものを選びます。ピアスやイヤリングは小ぶりのもの、自分の顔の形に合うサイズやデザインであることも大切なポイントです。

02 最初のアポイントに必要な持ち物とは？

営業かばんには、
資料に手帳に名刺と……
先輩、あと必要なものは
何ですか？
最初のアポは、
いつも手ぶらで
行くよ
ええっ、
手ぶら、
ですか……!?

初訪問では持ち物よりもお客様や会社の様子を観察することが大事です

最初のアポは「手ぶら」で訪問するのが基本です。もっとも「手ぶら」といっても、本当に何も持っていかないという意味ではなく、「商品の説明をするぞ～！」という気持ちでは行かないということです。

必要最低限のものはかばんに入れていきますが、持ち物よりも最初の訪問で重要なのは、商品の説明をすることではなく、全神経を集中させて、相手を観察することとニーズをヒアリングすることです。

どんな考え方をする人なのか、どのくらい自分を受け入れてくれているのか？　また、何か問題点を抱えていないか？　商品の説明をする前に知るべきポイントはたくさんあります。

売れる営業マンのかばんの中は？

お客様のところに行く際に、私のかばんの中に入っているアイテムを紹介します

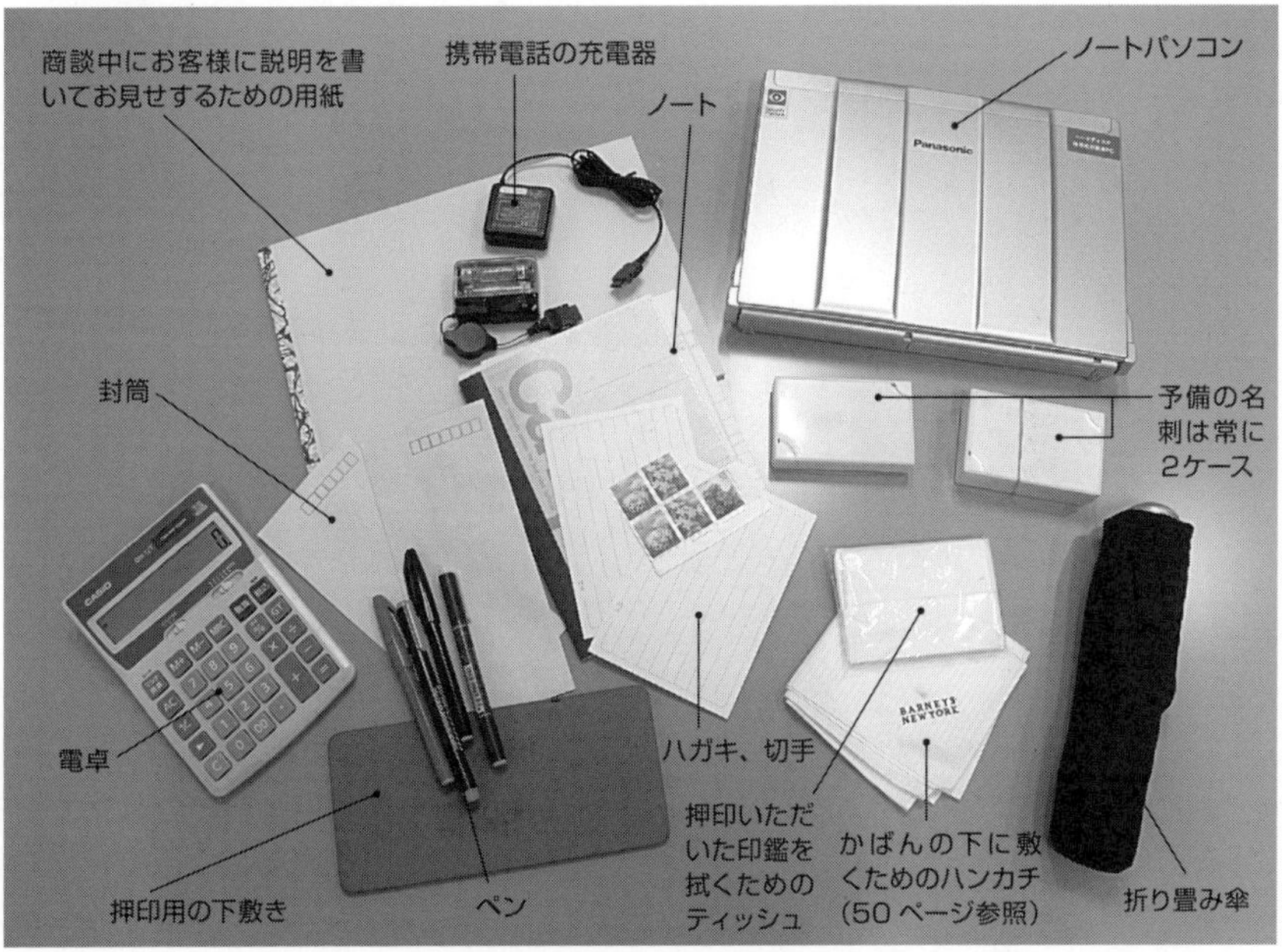
商談中にお客様に説明を書いてお見せするための用紙
携帯電話の充電器
ノート
ノートパソコン
Panasonic
封筒
予備の名刺は常に2ケース
電卓
ハガキ、切手
押印いただいた印鑑を拭くためのティッシュ
かばんの下に敷くためのハンカチ（50ページ参照）
BARNEYS NEWYORK
押印用の下敷き
ペン
折り畳み傘

営業という職業は、「ものを売る」仕事だと思いがちですが、実は違います。営業とは「お客様の悩みを解決する」仕事なのです。「ニーズのないところに商談なし」ということを忘れないようにしましょう。

スキルUP お客様のお役に立ちたい！その気持ちが何より重要です

相手が経営者の場合、私は最初のアポでは商品の資料を持っていきません。せっかくアポが取れたのに、商品説明をしないなんて信じられないと思う人もいるでしょう。実際、私が資料などを見せないことを意外に思われる方もいます。でも私にとって重要なのは、まずはお客様のことをよく知ること。そして、お客様のお役に立ちたいと本気で思うことです。営業という仕事は、それがすべてのはじまりです。

03 アポイントに遅刻しそうなときは？

数分の遅れでも電話をかける。普通の営業ならしないことがお客様に強い印象を与えます

お客様と約束したアポイントの時間に2～3分遅れてしまいそうなときは、どうしたらよいでしょう？

ほんのわずかな遅刻ですから、到着してから「遅れてしまい、申し訳ございません」とお詫びすれば、とくに問題はないかもしれません。

でも、遅れることがわかった時点で「申し訳ありません。2分遅れてしまいます」と電話を入れて、2分遅れで到着した後で、もう一度きちんとお詫びしたらどうでしょうか？

「たった2分くらいでわざわざ電話してこなくても……」と思われるかもしれません。しかし営業は、自分を強く印象づけることも大切な仕事です。「今どきめずらしい、しっかりした人だ」と感心してもらえる可能性もあります。そのためには、まず「普通の営業ならどうするか？」を考える。そのうえで、普通はしないようなことをする。そうすれば、きっと強い印象を残せるはずです。

もちろん、本来アポイントの遅刻は厳禁です。

〈初訪問前のチェック〉

○訪問先を確認する

これから伺う訪問先の住所や電話番号に間違いはないかを確認。地図なども事前に準備しておきましょう。

○持参資料の確認

必要な書類に抜けがないかを確認。名刺も足りないことがないように、名刺入れに入っている枚数が十分かを確認し、補充しておきます。

訪問の準備と手順

時間に余裕を持ち、出社

常に約束の15分前には着くように心掛け、早めに出発します。そうすれば交通遅延などのちょっとしたトラブルにもあわてずに済みます

15分前に訪問先に到着

訪問先の玄関の前で身だしなみを整えます。冬場でコートなどを着ているときは建物の入口で脱ぎ、片方の腕にかけて持ちます

来訪を告げ、取次を依頼

オフィスに直接入るときは入口近くにいる人に取次をお願いします。内線電話があるときは、それを使います

上司に同行する場合

移動中などは上司のやや後ろを歩くように。上司を立てるところは立てつつも、自分も会社の代表として訪問していることを忘れないように行動します

スキルUP　当たり前のことを当たり前にする、それが評価されることが多いのです

たとえ2分でも遅刻しそうなときは、連絡してお詫びする。これは実際に私がしていることです。正直にいえば、「2分くらい大丈夫なのでは……？」という気持ちも少しはあるのですが、だからこそ普通はしないことをする必要があるとも思うのです。遅れそうだから電話する、これは本来なら当たり前の礼儀であって、工夫でも何でもありません。でも、当たり前のことをきちんとすることで評価していただけることが多くあるのも事実なのです。

04 商談先では車を止める場所も重要！

営業マン・ウーマンは「訪問者」。車は建物の入口から最も遠いところに止めます

駐車場のどこに車を止めますか？なるべく入口に近いところに止めたいと思うのが普通の発想です。確かに多くの場合、入口に近いところに「来客用」や「お客様用」と書かれた駐車スペースがあります。

でも、営業マン・ウーマンはお客様ではありません。ですから、そこには絶対に止めるべきではありません。

では、どこに駐車するのか？建物の入口からいちばん遠い駐車スペースに車を止めるのです。

そもそも営業マン・ウーマンは、あくまでも「訪問者」であって、「お客様」ではありません。「来客用」や「お客様用」の駐車スペースは、その会社の本当のお客様のために空けておか

駐車位置は建物の入口から最も遠いところを選ぶ

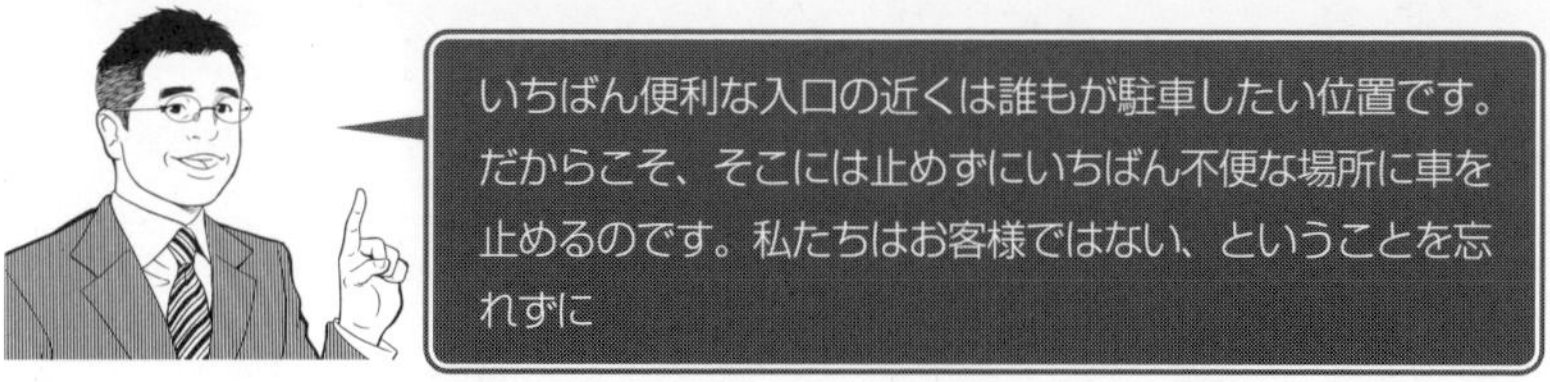
いちばん便利な入口の近くは誰もが駐車したい位置です。だからこそ、そこには止めずにいちばん不便な場所に車を止めるのです。私たちはお客様ではない、ということを忘れずに

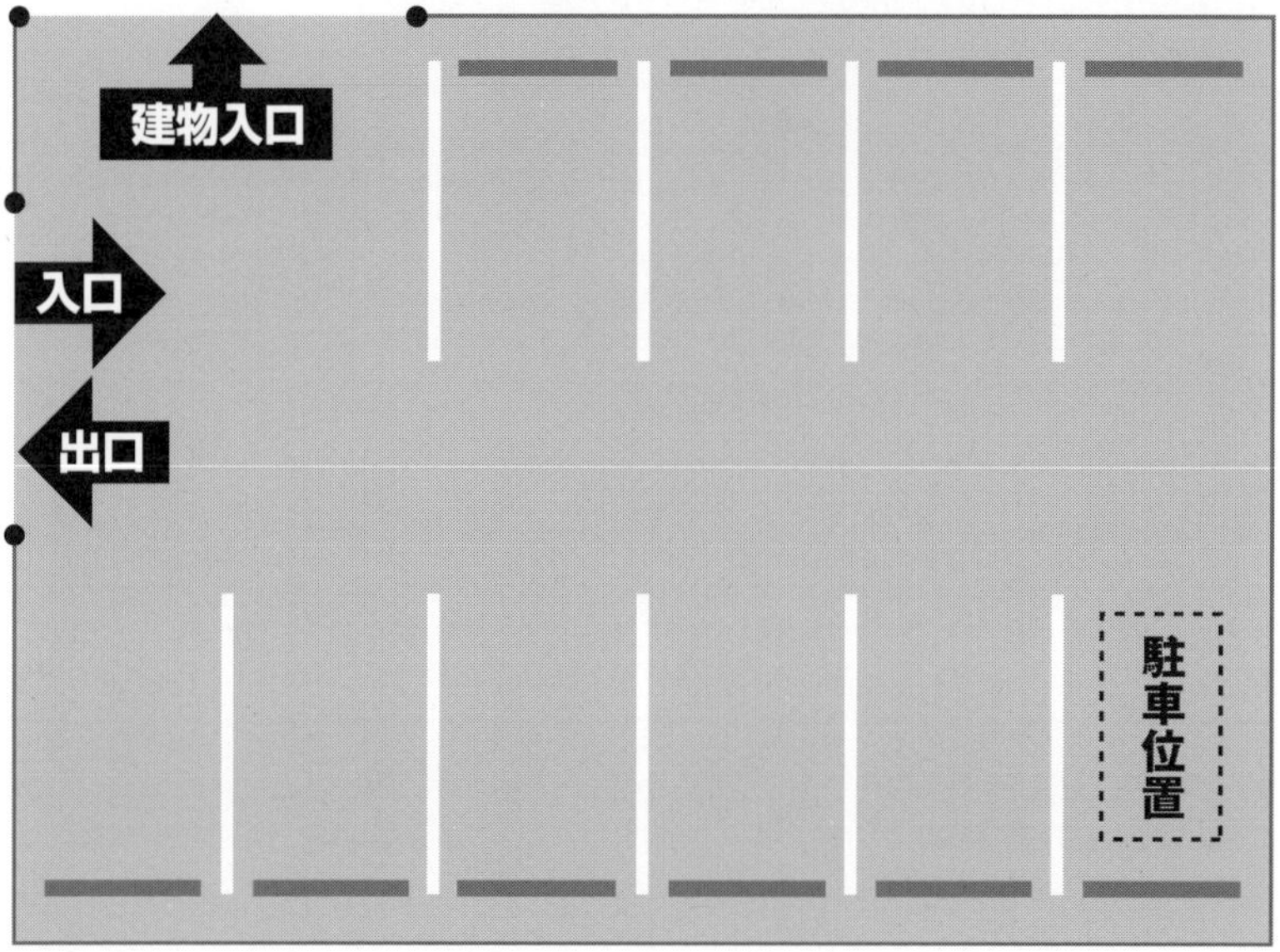
建物入口
入口
出口
駐車位置

なければなりません。

もちろん、雨や雪が降っている日でも同じことです。むしろ誰もが入口の近くに止めたくなる、そういう悪天候のときこそ、いちばん遠い場所に止めることが大切なのです。

スキルUP どこかで誰かがあなたの行動を見ています

車の駐車位置のことも私が実践している「ちょっとしたこと」のひとつです。「でも、そんなことをしても、お客様は気づかないのでは？」と思う人もいるでしょう。ほとんどの場合そうかもしれません。ですが、どこかで誰かが自分を見ている、という気持ちで行動することが大切です。

私が車を止める姿を偶然見かけたある会社の社長さんは、朝礼でその話をされ、その会社ではお客様を訪問するときは建物の入口からいちばん遠い場所に駐車するようになったそうです。

05 「お掛けになってお待ちください」と言われたら？

こちらで
少々お待ちください
ありがとう
ございます
あれ、
こういうときって
座っていいのかな…!?

営業は「お客様」ではありません。すすめられても決して座らずに何分でも待ち続けるべきです

商談先の会社を訪れると、受付の人に応接室や会議室などに通されて「こちらで少々お待ちください」と言われることがあります。

さて、その部屋でお客様を待つ間、椅子に座ってもよいのでしょうか？

営業マン・ウーマンは「お客様」ではありません。お客様より先に「座ってはダメ」なのです。

椅子はそのまま引きもせず、決して座らず、10分でも30分でもお客様がやってくるのを待ち続けます。

それが営業マン・ウーマンとしての正しい行動だといえるでしょう。

お客様に「どうして立っているんですか？」「座ってもらっていてまったくかまわなかったのに」などと言われることがあるかもしれません。

そんなときは「営業マン・ウーマンは〝お客様〟ではありませんから」という話をするとよいでしょう。

自分たちは「お客様」ではない。このことは、どんな場面でも決して忘れずに覚えていてください。

スキルUP 初めての訪問で怒鳴られた苦い経験から大切なことを学びました

私には苦い経験があります。とあるクライアントを初めてひとりで訪問したときのことです。応接室の末席に座ってお客様をお待ちしていると、現れたお客様は開口一番「なに座ってるんだ！　お前は何様だ！　出ていけ！　二度と来るな！」。建物中に響き渡るくらいの大声で怒鳴りつけられました。そのときはその意味もわからず正直納得のいかない気持ちもあったのですが、今では感謝しています。営業は「お客様」ではない。大切なことを学ばせていただきました。

ガチャ
いや、お待たせしまして、申し訳ありません！
……
本日はお忙しいところ、恐れ入ります
この女性は、私が来る20分もの間、ずっと立って待っていたのか……

お客様を待つ場合

訪問先ではほとんどの場合、上座に通されると思います。通された席で座らずに立って、お客様が来るのをお待ちしましょう

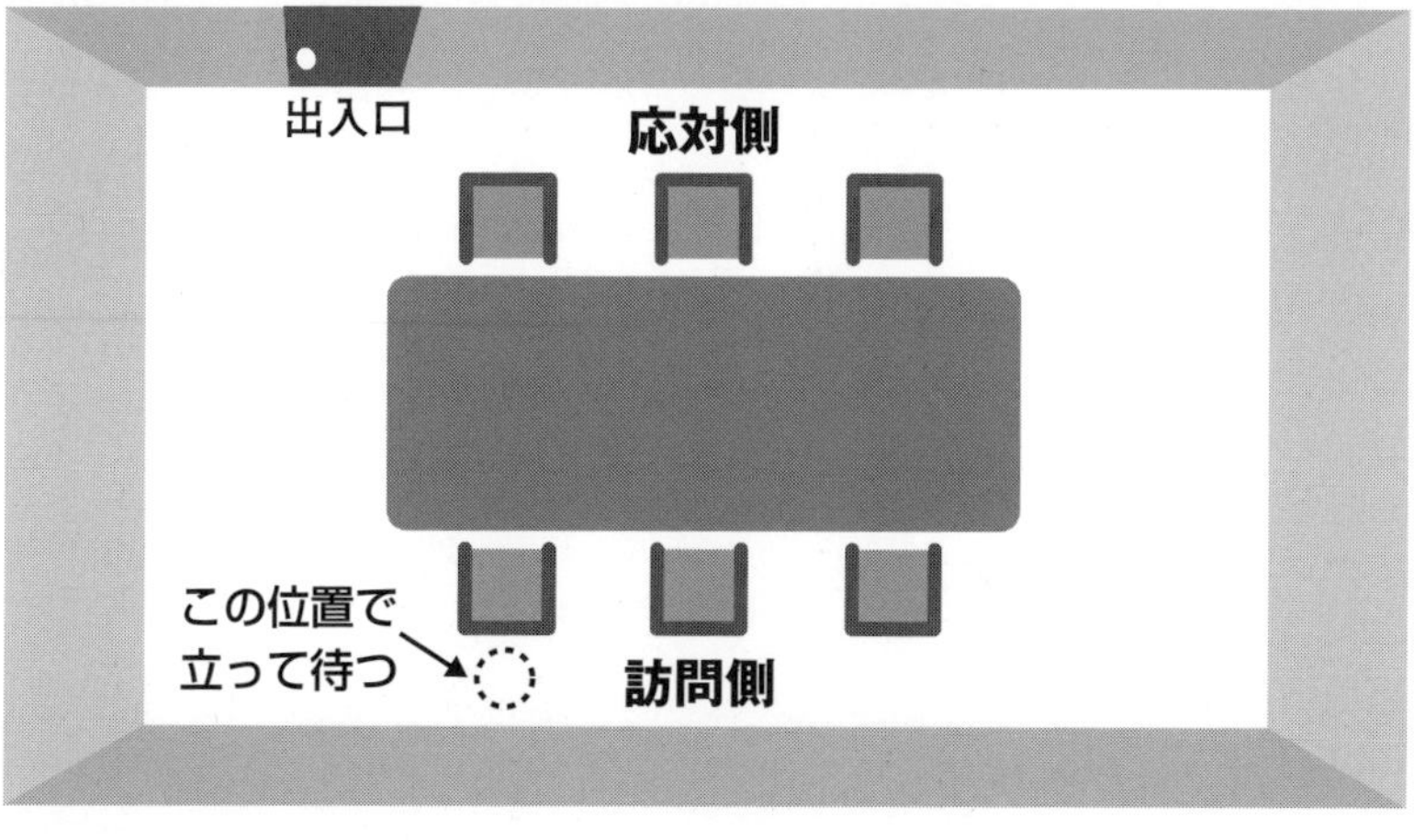
出入口
応対側
この位置で立って待つ
訪問側

06 営業かばんはどこに置く？

先輩は何でかばんの下に
ハンカチを……？

かばんは「土足」と同じ⁉ ハンカチを敷いて営業かばんはその上に

お客様の自宅や、靴を脱いで上がるオフィスや店舗を訪れたとき、かばんはどこに置くべきでしょうか？

多くの人はそのまま床に置くと思います。でも考えてみてください。たとえば、電車の中でかばんを足下に置きませんか？　土足で歩いているオフィスやトイレの床にも置いたりしませんか？

そう。よく考えてみると、営業かばんは「土足」と同じなのです。

靴をはいたまま、お客様の家に上がり込む人はいないはずです。

だったら営業かばんも同じこと。お客様の自宅の床に直接置くのは、失礼な行為ではないでしょうか。

そんなときは、ハンカチを取り出し、自分の座るそばに置き、その上にかばんを置くのです。

お客様はきっと驚くと思います。「そこまでする必要ないですよ」と言われるかもしれません。

でもそれは「そこまでする営業マンはあなたが初めてです」というふうにも聞こえませんか？

〈室内に上がるときは？〉

個人のお客様を担当している営業マン・ウーマンならばお客様のお宅に上がる機会もあるでしょう。オフィスの応接室とは勝手が違うので注意が必要です。玄関で靴を脱いだら必ず自分で揃えてから上がりましょう。

失礼します

かばんはハンカチの上に

訪問先ですぐに取り出せるように、かばんの下に敷くための白いハンカチは、かばんの外側のポケットに入れてあります。自分の座る席のそばに、ハンカチを２つ折りにして敷き、その上にかばんを置くようにするとよいでしょう

スキルUP 普段使いのハンカチとは別のハンカチを用意して、その上に営業かばんを置きます

営業かばんはハンカチの上に置く。私はこの小さな工夫を始めてから、お客様に「川田さんのお客さんになりたい」と言っていただく機会が増えました。お客様にとっても気持ちよく、自分自身も営業マンとして一目置いていただけるなんて、どちらにとっても嬉しいことなのではないでしょうか。注意点は、自分が使っているハンカチとは「別物」だとさりげなくアピールすること。かばんを置いたハンカチで自分の手や顔を拭いて、不潔な人間だと思われてしまってはいけませんから。

07 名刺交換で気をつけること

えーと、
名刺交換のポイント……、
まず名刺は両手で受け取って、
あと気をつけることは
なんだっけ……？

名刺交換をするときはテーブルを挟んでではなくお客様のすぐ近くでします

名刺交換の基本的なマナーについては、きっと研修などでも教わっていると思いますが、「立ち位置」についてはどうでしょうか？

応接室や会議室であいさつする場合、よく見かけるのはテーブルを挟んだまま名刺を交換する場面です。これではいけません。営業にとっては、名刺交換はお客様との距離を最も縮められる絶好の機会だからです。

名刺交換をするときは、テーブルをぐるりとまわって、お客様のすぐ近くまで行き、そこでします。これがマナーですが、マナー通りに当たり前のことを当たり前に行った結果、「丁寧な人だな」という印象を持ってくださるお客様がいます。

初対面のその印象は、やがて商談にも影響するはずです。

営業という仕事は、何が結果に結びつくかわかりません。また、すぐに結果が出るともかぎりません。だからこそ、ちょっとした工夫や心遣いを地道に積み重ねていく必要があるのです。

〈名刺を切らしてしまったら？〉

名刺を切らしてしまったり忘れてしまったりということがないように、予備の名刺入れを持っておくなどの工夫をしておくとよいでしょう。しかし、もしも切らしてしまったときは、まずはそのことを謝罪して、会社名と部署名、氏名を名乗ります。会社に戻ったらお詫びの手紙とともに名刺を封書で送りましょう。

名刺交換のマナー

お客様の正面に歩み寄る

○○コーポレーションの長崎です

社名と名前を名乗る

名刺を両手で差し出す

マナー通りの名刺交換で丁寧な印象を与えることができるでしょう

距離をぐっと縮めるぞ！

スキルUP 名刺交換はお客様との距離を縮められる究極の場面なのです

テーブルを挟んで名刺交換はしない。私が名刺交換でこだわっていることは、これだけです。名刺交換というのは、お客様と最も近づくことができるシーンです。指先は数センチの距離に、体も数十センチくらいの距離まで接近します。こんな機会は、最初で最後かもしれません。ほかの営業マン・ウーマンよりも近い距離で名刺交換することで、自分を少しでも強く印象づけることができます。だからこそその機会を無駄にしたくないのです。

08 初訪問では初めに何を話せばいい？

名刺の裏面にプロフィールを。共通点が見つかれば会話は自然に盛り上がります

初対面の会話は誰でも緊張しますが、共通の話題があると話は弾むものです。それは商談においても同じこと。そのきっかけをつくる、簡単で効果的な方法があります。

名刺の裏面に、出身地・略歴・家族構成・好きな食べ物・信条など、自分のプロフィールを書いておくのです。いわゆる宛名シールなどを利用して印刷して貼ってもよいでしょう。

そして、名刺交換をした後に「私の簡単なプロフィールは名刺の裏に書いてあります」と付け加えると、100％の人が見てくれます。

不思議なことですが、ほとんどの人が自分との共通点を探して、それについてコメントしてくれます。

少しでも共通点が見つかれば、会話のきっかけが生まれます。そこから話をふくらませていけば、相手のことが少しずつわかり、自分のことも自然に伝えられるはずです。

名刺は、お互いの情報交換ができる有効なツール。積極的に利用して、相手との距離を縮めていきましょう。

〈出身地を聞いて相手の生い立ちを知る〉

初対面のお客様との話題探しとして、お客様の出身地を聞いてもよいでしょう。どこで生まれ、どのように育ったのかなど、お客様のことを好きになるきっかけを探してみましょう。

初商談のマル秘道具

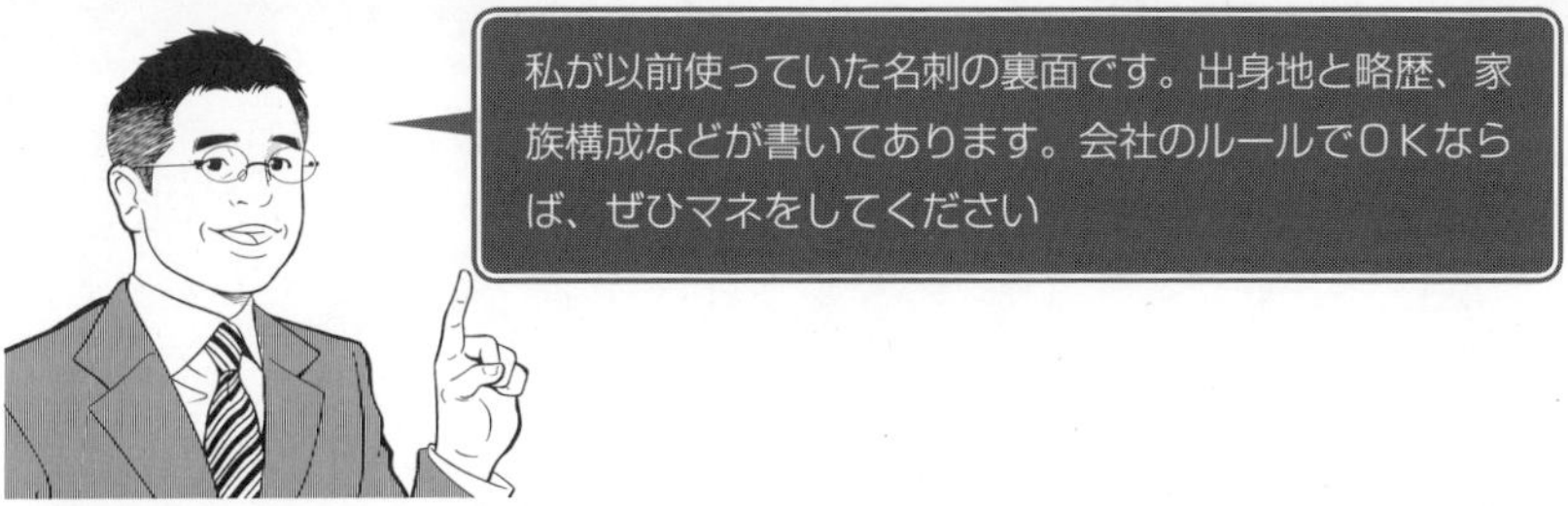
私が以前使っていた名刺の裏面です。出身地と略歴、家族構成などが書いてあります。会社のルールでOKならば、ぜひマネをしてください

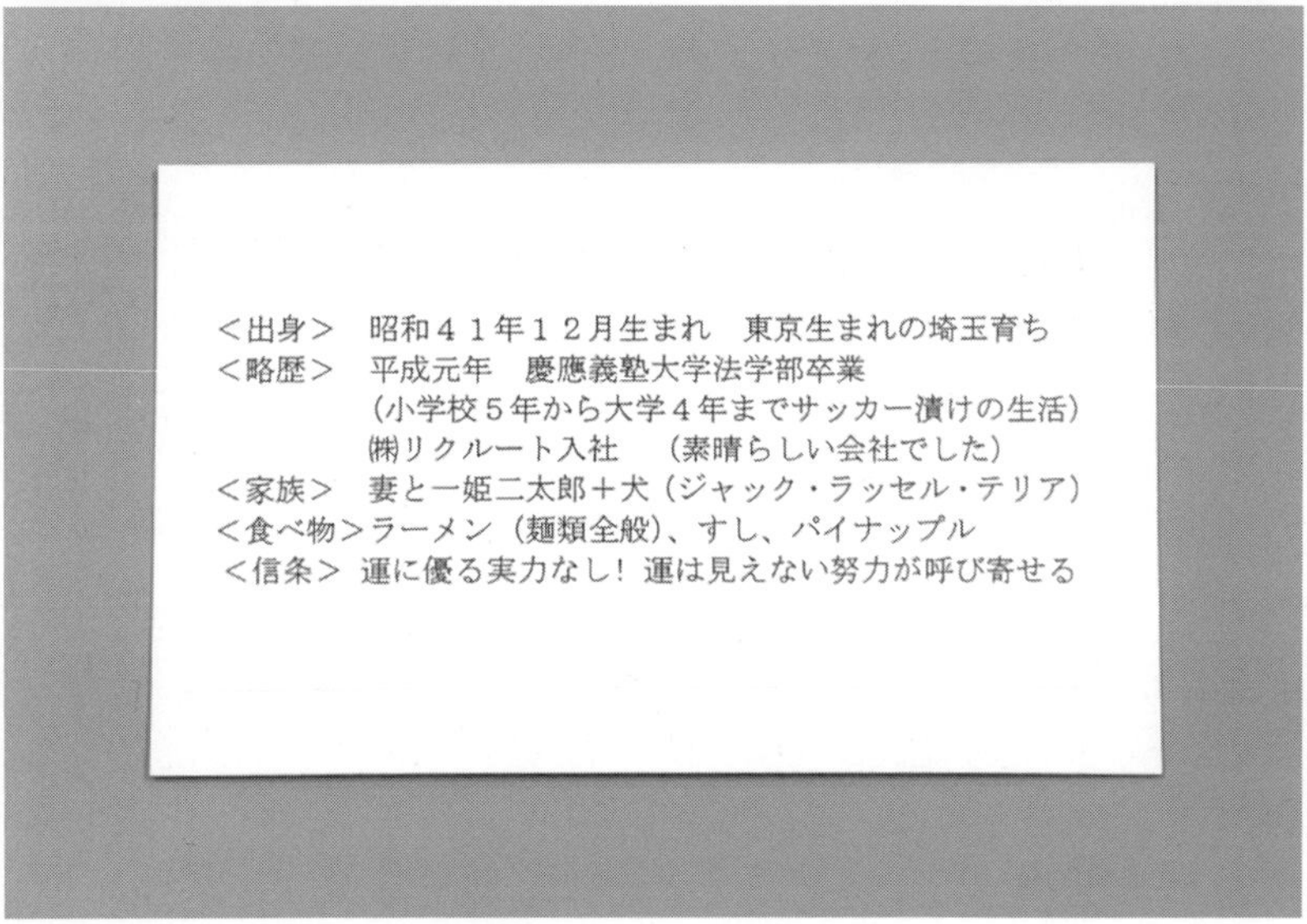

＜出身＞　昭和４１年１２月生まれ　東京生まれの埼玉育ち
＜略歴＞　平成元年　慶應義塾大学法学部卒業
（小学校５年から大学４年までサッカー漬けの生活）
㈱リクルート入社　（素晴らしい会社でした）
＜家族＞　妻と一姫二太郎＋犬（ジャック・ラッセル・テリア）
＜食べ物＞ラーメン（麺類全般）、すし、パイナップル
＜信条＞　運に優る実力なし！ 運は見えない努力が呼び寄せる

自分のプロフィールを記した名刺の裏面

スキルUP 名刺の裏のプロフィールをより具体的に書くことが、会話を弾ませるコツです

名刺の裏を使って自己紹介する方法は、私が新人の頃に行っていた効果的なアイデアです。お客様とお互いの共通点を見つける効果は想像以上に大きく、相手の警戒心がとかれていくのが明らかにわかりました。重要なのは、より具体的に書くことです。ペットについて書くなら単に「犬」ではなく「ジャック・ラッセル・テリア」などと犬種を書いたほうが会話が弾みます。ぜひ効果のほどを試してみてください。これ実は、自分が楽になるだけでなく、相手も楽な気持ちにさせることができるアイデアなんです。

09 会社説明と自己紹介はじっくり丁寧にすべき？

ごめん、もう時間ないんだけど
……ですから、我が社の経営理念はですね今、全社一丸となって商品開発を……

会社説明と自己紹介はできるだけ簡潔に済ませるように心掛けます

まず頭に入れておかなければならないのは、お客様は「あなたの会社にも、あなた自身にも、あまり興味を持っていない」ということです。

営業マン・ウーマンは、自分の商品を売ることで頭がいっぱいですが、お客様の頭の中は違います。あなたにとっては大切なアポイントでも、相手にとってはただのひとつの面談でしかありません。

相手は忙しい中、貴重な時間を割いてくれているのですから、会社説明や自己紹介は「じっくり丁寧に」ではなく、要点をまとめて「できるだけ簡潔に」するのが基本です。

ただし、「名刺の裏面のプロフィール」などがきっかけで話が弾み、お客様があなたに興味を持ってくれた場合は、自己紹介は何分してもかまわないと思います。それが次回のアポイントに繋がるかもしれません。

初訪問で大切なのは、とにかくお客様に興味を持っていただくこと。そして相手と相手のニーズを知ることなのです。

スキルUP 次のアポが取れるかどうかを常に意識しましょう

自己紹介は簡潔に行いますが、お客様が興味を持ってくれた場合は、じっくり自己紹介をしてもかまいません。極端なことをいえば、自分の話や雑談だけで終わってもよいのです。ただし、「次回のアポイント」に繋がるのなら、です。その見込みもないのに雑談だけで終わってしまったら、時間を取っていただいた意味がありません。大事なことは、次回のアポイントに繋がるかどうかです。

初訪問での対応

お客様が来るのを待つ

応接室に通されたら、着座をすすめられても立ってお客様が現れるのを待つ(48ページ参照)。時間を取ってくれたことへの感謝の気持ちをこめてあいさつをする

名刺交換

お客様のすぐそばまで行き、名刺交換をする(52ページ参照)。お客様と最も近づくことのできる絶好の機会に、きちんと自分を印象づける

会社説明と自己紹介を行う

まずは会社説明と自己紹介をできるだけ簡潔に行う。自身のプロフィールなどでお客様との距離を縮め、お客様にあなたに興味を持ってもらえるようにするとよい

商　談

次に商談を持ちかける。このときに焦らないこと(66ページ参照)。スムーズに商談が進まなければ、次回の訪問のアポイントに繋げる

10 お茶やコーヒーを出していただいたときは？

感謝の気持ちを忘れずに、お茶を出してくれた人に対して必ずお礼を言いましょう

お客様のところを訪問すると、お茶やコーヒーを出していただくことがあります。そのときに大切なのは、持ってきてくれた人に対して必ずお礼を言うことです。

そんな当たり前のことをわざわざ言われなくても……、と思われるかもしれませんが、お礼を言わない人も少なからずいるのです。とくに経験の浅く余裕のない新人や若手営業マン・ウーマンには、その傾向が強いようです。

逆に成功している人や社内での地位の高い人ほど、ちょっとした感謝の言葉を忘れないものです。ということは、そういう立場の人たちは、営業マン・ウーマンに対しても、感謝の言葉が伝えられる人なのかどうかを見ているはずです。それが初めて会った人間を判断する大きな基準になっていることでもあるでしょう。

その人が部屋を出ていくときには、もう一度丁寧に「ありがとうございました」と感謝の言葉を繰り返しましょう。

〈お茶はすすめられてから、いただく〉

お茶が出され「どうぞ」とすすめられたら「いただきます」と応えて手をつけましょう。「どうぞ」の声がかからないときは少し待って、お客様が手をつけてから、いただくようにします。

スキルUP ゴミが出たら自分で持ち帰り、食器は寄せておきます。小さな気遣いを忘れずに！

お茶やコーヒーを出していただいたときに、私が必ずしていることが3つあります。ひとつは、出してくれた人にお礼を言うこと。もうひとつは、スティックシュガーなどのゴミが出たら持ち帰ること。営業マンは「お客様」ではないのですから、「ゴミを出す」ということに抵抗を感じてほしいのです。3つめは飲み終わった食器は、相手の食器のほうに寄せて帰ること。そのほうが食器を下げる人の作業が楽になります。小さなことですが、大切なことです。

帰り際のマナー

商談を終えて退出するとき、飲み終わった食器は下げやすいように寄せておきましょう。小さなことですが、食器を下げる人の作業が楽になります。その場にいない人に対しても、ちょっとした気遣いができるとよいのです。

それでは、失礼致します
ス…
ほう……

立ち去るときに食器を寄せる。これは簡単なことなので、すぐにマネをして実践してください

Check!

営業力チェックリスト……2

アポ取りに成功して初訪問をする際のポイントをチェックしましょう。

□ 01 お客様を訪問するときの服装は?

初めて訪問する場合はとくにお客様に対してマイナスの印象を与えない服装を選びます。最初に印象を悪くしてしまうと、商談を成立させることが困難になりかねません。

□ 02 最初のアポイントに必要な持ち物とは?

基本は「手ぶら」。といっても、もちろん必要最低限のものは持っていきますが、いきなり商品の説明などはしません。まずはお客様のことやニーズを知ることが大事です。

□ 03 アポイントに遅刻しそうなときは?

アポの遅刻はもちろん厳禁です。しかし、もしも遅れてしまいそうなときは、2~3分であっても、お客様に必ず連絡し、到着後もお詫びをしましょう。

□ 04 商談先では車を止める場所も重要!

建物の入口からいちばん遠いところに止めます。「来客用」の駐車スペースがあっても、そもそも営業マン・ウーマンは「お客様」ではないということを忘れてはいけません。

05

「お掛けになってお待ちください」と言われたら?

お客様がいらっしゃるまでは10分でも30分でも立って待ち、決してお客様よりも先に座ってはいけません。自分たちは「お客様」ではないことを繰り返し確認しましょう。

06

営業かばんはどこに置く?

土足厳禁の場所であれば、ハンカチを用意して、自分の座るそばに置き、その上に営業かばんを置きます。お客様の自宅などの場合、床の上に直接置くのは失礼です。

07

名刺交換で気をつけること

テーブルを挟んでの名刺交換はしてはいけません。必ずお客様の前まで出て名刺交換をします。最もお客様と接近できるチャンスを逃さないことです。

08

初訪問では初めに何を話せばいい?

私は名刺の裏面にプロフィールを貼って、お客様との共通点を見つけ距離を縮めています。緊張する初対面の時間を楽にしてくれる名刺活用術をぜひ実行してみてください。

09

会社説明と自己紹介はじっくり丁寧にすべき?

まだ「あなたにも会社にもあまり興味がない」ということを認識しておきましょう。初訪問時の会社説明と自己紹介は、要点をまとめてできるだけ簡潔にするのが基本です。

10

お茶やコーヒーを出していただいたときは?

必ずお礼を言います。お礼を伝える相手はお茶やコーヒーを出してくれた人です。その人が退出するときにはもう一度「ありがとうございます」とお礼を言いましょう。

「普通の営業ならどうするか?」を考えよう

どんな商品の営業をするにせよ、私たちには多くのライバルが存在します。競合会社の商品や営業マン・ウーマンはもちろん、同じ商品にも多くの営業担当者がいたりします。

お客様は、商品の内容や値段のみならず、いろいろな会社の大勢の営業担当者をいくつものふるいにかけて、商品やサービスを購入する相手も厳選しています。

この厳しいふるい落としに最後まで残るためには、いったいどうしたらいいのでしょうか?

商品の知識や説明の方法など、基本的なスキルを身につけることはもちろん重要ですが、それだけでは簡単にふるい落とされてしまいます。「普通」のことだけをしていたのではお客様の目に留まることはできません。

自分のことをお客様に強く印象づけて「この人から買いたい」と思っていただくためには、お客様に対して何かしらの興味や感動を与えるしかありません。

そのためにはまず「普通の営業だったらどうするのだろう?」と常に考えることが必要です。

そして、普通の営業だったらしないような言動や、ちょっとした心遣い、自分なりのアイデアなどをどんどん実行していくのです。

難しいことや背伸びしなければできないようなことは、長くは続きません。営業かばんの下にハンカチを敷いたり、スティックシュガーのゴミを持ち帰るなど、私がやっているのはどれも簡単なことばかりです

「普通の営業」ならどうするだろう?
自分から買いたいと思ってもらうためには何をしたらいいだろう?

し、それをしたからといって、急に商品が売れるわけでもありません。

でも、そんな「ちょっとしたこと」でも、やり続けていけば、ときには人と差がついたり、営業成績に結びついたりするのです。

重要なのは、ただやるのではなく、徹底的にやること、そして、ずっと続けていくことです。

私は新聞やビジネス書を精力的に読みこなすタイプの、いわゆる「できる営業マン」ではありません。そんな私でもトップセールスになれたのは、そういった小さなことを積み重ねてきたからです。

みなさんも考えてみてください。こんな場面だったら普通の営業はどうするのかと。そのうえで、ほかの営業マン・ウーマンがしないような何かを実行していきましょう。

思うように仕事が進みません
人と同じことをしていても同じ結果しか出ないんだぞ

第3章

お客様は「感情」で商品を購入する

営業とはお客様の「感情」に訴えかける仕事です。お客様の心を動かし、目指すゴールまで導くにはさまざまな工夫が必要です。

第3章では商談でお客様の心をつかむヒントを紹介します。

商談の流儀

01	商談に入るタイミング	「商談」は「ぶどう」と同じ。お客様の気持ちが熟すタイミングを待ちます
02	商談中に意識すべきことは?	お客様の目線・表情・動作をよく観察して熟したタイミングを見極めます
03	効果的な商品紹介の方法	たとえ話などで、いかに感情に訴えかけることができるかが勝負です
04	お客様が興味を示してくれる話し方は?	一方的に話をするのはダメ。自分の話し方を振り返って相手に話をふることも大切です
05	新人営業のいちばんの武器は?	興味を示さない場合の「説得」はむしろ逆効果。ひたむきな「情熱」が人の心を動かします
06	うまくいかなかった商談から学ぶもの	なぜ断られたのか、その理由をお客様に聞いてみましょう。今後の財産になります
07	「出直してこい!」と怒られたときは?	出直しは「後日」ではなくその「翌日」に。できるだけ早く行動に移します
08	「絶対に契約しない」と拒絶されたときは?	契約は縁とタイミング。もしも可能性を感じるなら気長に通い続けてみましょう
09	「もう二度と来るな!」と追い出されたときは?	決してあきらめず、普通はしないことをしてお客様を驚かせるのも手です
10	本当の意味での「営業」とは何か?	お客様の悩みや問題点を商品を通じて解決するのが本当の意味での「営業」です

01 商談に入るタイミング

このお客様とは次が４回目の商談になります
そろそろ見積もりを出してもいいですか？
いや……まだもう少し様子を見てからにしよう

「商談」は「ぶどう」と同じ。お客様の気持ちが熟すタイミングを待ちます

お客様を訪問して、会社説明や自己紹介を終えたら、いよいよ商談です。営業マン・ウーマンの頭の中は「契約をいただきたい！」という気持ちでいっぱいになります。

でも、焦ってはいけません。お客様の気持ちが「熟しているのかどうか」を、冷静に判断しなければなりません。

私は商談を「ぶどう」にたとえています。まだ熟していない青いぶどうが食べられないように、お客様の気持ちが熟していない段階で強引に商談に持ち込んでも、嫌がられてしまうだけです。仮に契約をいただけても、短期間で解約されてしまったりします。

お客様がニーズを感じたときが

熟したときです。何度も言いますが「ニーズのないところに商談なし」です。

ただし、熟していないからといって、そのお客様との関係を断ってしまうのは間違いです。熟すまで少し放っておくことも大切です。熟すのを待ちながら、次の仕事に注力しましょう。

お客様の気持ちが熟した頃を見極める

熟していないぶどう
お客様はまだ契約する気持ちになっていない
熟したぶどう
お客様はニーズを感じ契約してもいいかなと思っている
前向きに検討してくれているお客様の気持ちが、完全に熟したかどうかを冷静に判断しましょう。焦りは禁物です

スキルUP　お客様と良好な関係を築ければ熟したタイミングも判断できます

私もそうでしたが、新人の頃は「とにかく売ろう！」と考えてしまいがちです。その意気込みは大切ですが、強引に買ってもらおうとしても、機が熟していなければ、絶対に買ってもらえません。ニーズを感じてもらい、「ぶどう」が熟すタイミングはそれぞれです。その「ぶどう」に気をとられすぎずに、しかし気にかけながら次の仕事に注力することが大切です。

02 商談中に意識すべきことは？

……
……ですから、こちらのシリーズがおすすめでして
……とくにこの商品はですね！

お客様の目線・表情・動作をよく観察して熟したタイミングを見極めます

　商談するときは、お客様のサインを見逃さないことが大切です。

　商品説明をしていると、話すことに熱中してしまったり、テーブルに並べた資料やパンフレットに目を向けてしまいがちですが、営業マン・ウーマンが意識すべきなのは、あくまでもお客様の様子です。

　お客様の表情や動作をきちんと観察しながら、今どんな気持ちで話を聞いているのかを推察するのです。

　たとえば、あまり商品に興味のなかったお客様が、パンフレットに対して身を乗り出したら、「興味を持った」というサインです。「話を聞いていたら突然、名刺を手にしてながめ始める」なんていうのもあなたに何らかの興味を持ったサインです。

　逆に、お客様の目線が違う方向に向けられたり、資料を手放したりしたら、「興味を失った」というサインでしょう。

　初めは難しいですが、こればかりは経験を積んでいくしかありません。

　営業には観察力が必要です。お客様は言葉ではなく、まずは目線や表情、動作などで自分の気持ちを表現します。それらのサインを見逃さないことが、商談を成功に導くための秘訣です。

お客様はサインを出してくれているのね

お客様からのサインを見逃さない

パンフレットに対して身を乗り出したら、「興味を持った」というサイン

パンフレットから手を放したり、目線が違う方向に向き始めたりしたら、「興味を失った」サイン

スキルUP

お客様がどのくらい興味を持ってくれているかは、「お客様のサイン」で見極めます

商談をしているとき、お客様はいろいろなかたちでサインを送ってくれています。たとえば「商品に興味がわいた」「あなたに少し興味を持った」、逆に「興味がまったくない」「やっぱりいらないなぁ」などです。ただ、それが言葉ではないことも多いので、うっかりしていると見逃してしまいます。そうならないためには、全神経を集中させてお客様の目線や動作を観察することです。最初は難しいかもしれませんが、経験を重ねていけば、お客様の興味のスイッチが入る瞬間がきっとわかるようになるはずです。

03 効果的な商品紹介の方法

たとえ話などで、いかに感情に訴えかけることができるかが勝負です

商品紹介するときのコツのひとつは、お客様の「感情」を揺さぶることです。「感情」の振れ幅が大きければ大きいほど、商品への興味や関心が大きくなるはずです。

たとえば、びっくりするくらい高い商品を最初に紹介します。お客様は当然「こんなの無理だよ」とおっしゃいますが、「まさか買うことはありませんよね。でもとてもよい点が多いので、まずは話を聞いてください」と笑いかけると、「なんだ、売るつもりじゃないんだ」とホッとして感情が揺れ動きます。

そのようにして感情が揺れ動くことで、お客様の興味や関心がこちらの話に引き込まれていくわけです。

数字やデータなどは、たとえ話を

スキルUP わかりにくいものはわかりやすいものにたとえて話す工夫をしましょう

商品紹介は、たとえ話を使ってイメージしやすいものに置き換えることが大切です。「○歳までの死亡率は3%です」と言われても、自分は大丈夫だと思いがちです。でも、「あなたの周りにいる100人全員に拳銃が渡されて、『3丁だけ弾が入ってます』と言われたら、自分の頭に突きつけ引き金を引くことはできるでしょうか？」などと別の話にたとえると「3%」が決して無視できる確率ではないことが伝わります。いろいろと考えてみてください。

商品紹介には数値を使ったたとえ話が効果的

これによって10年間で、2千万円くらいのメリットがあります
たとえば、社員2人分の退職金を支払えるくらいの差が出てくるんです
それはいいね！

何より大切なのはお客様にわかりやすく伝えること。そしてお客様の感情に訴えかけることです

使ってリアルに実感してもらうことも重要です。たとえば、ただ単に「2千万円」と言われてもピンとこないかもしれませんが、「2人分の退職金」と言い換えることで、実感をともなった価値のある金額に感じられたりします。

つまり、わかりづらいことをたとえ話を使ってわかりやすく伝えるということです。

人間はたいていの場合「感情」で物事を判断します。いかに感情に訴えかけられる話ができるかが、営業の勝負です。

04 お客様が興味を示してくれる話し方は？

一方的に話をするのはダメ。自分の話し方を振り返って相手に話をふることも大切です

どんなに必死に話をしても、お客様が全然興味を示してくれない。営業の仕事では大きな悩みのひとつです。もしかすると、自分ひとりで一方的に話したりしていませんか？

お客様を自分の話に引き込むためのコツは、大事なことは質問をして、答えを相手に言わせることです。

ただし、「○○があったら便利ですよね？」という言い方だと、お客様は「はい」か「いいえ」と答えるだけで意識は薄く、引き込まれません。

でも、「○○があったらどうですか？」と問い掛ければ、お客様自身が答えを考え、便利だと感じれば、「便利ですね」と言葉にしてくれるはずです。

こちらが一方的に話をするだけでは、お客様は他人事のように感じてしまいます。かといって、すべて質問形式にしてしまうと、誘導されているような気持ちになって、不愉快に感じます。

「大事なことだけ」を相手に言わせるのが、重要なポイントです。

スキルUP 商品を購入するとどうなるのかという「物語」に参加してもらいましょう

学生の頃を思い出してください。ひたすら一方的に話を続ける先生の授業って、眠くなりませんでしたか？　逆に、いつ名指しするかわからない先生の授業は、緊張しながら必死に話を聞きましたし、授業の内容もよく覚えていました。商談も同じです。ただ話を聞かせているだけでは、お客様も退屈しますし、話の内容もあまり伝わりません。自分が話しているその商品を購入するとどうなるのかという「物語」にお客様も参加してもらう。これが興味を持って聞いてもらうコツです。

お客様の心を引き込む話し方

このような話し方を大切にし、お客様にも一緒に物語に参加してもらいましょう

こういった機能があったらどうでしょうか?
ああ、便利かもしれないねぇ

自然な笑顔でお客様と向き合う

お客様と話をするときの表情は、自然な笑顔がいちばんです

自然な笑顔

頬の筋肉で口角がバランスよく引き上げられる

不自然な笑顔

無理に笑顔をつくろうとすると、左右非対称の表情になってしまう

05 新人営業のいちばんの武器は？

ですから ご契約いただければ このような メリットが……
あー、 ちょっといいかな
申し訳ないけど、 そろそろ時間だから、 お引き取り願えるかな
そんな、 絶対お客様にとってよい話なのに…… 俺の営業トークに 説得力が足りないのかな

興味を示さない場合の「説得」はむしろ逆効果。ひたむきな「情熱」が人の心を動かします

お客様にとって絶対によい話なのに、興味を示してもらえない——。

そんなこともあるでしょう。それには、こんな理由が考えられます。

お客様を「説得」しようとして、商談をしていませんでしたか？

実はこれ、逆効果なんです。これみよがしに「泣かそう」としている映画やドラマを見ると、白々しい気持ちになったりするのと同じです。

お客様は「空気」を読む天才です。「説得」しようとする空気を察知すると、すぐに警戒してしまいます。

では、どうしたらいいのか？

たとえば、新人の武器は「情熱」だけです。でも「情熱」は新人だからこそ持てる最大の武器でもあります。

「若輩者の自分が言うのも失礼です

お客様は空気で判断する

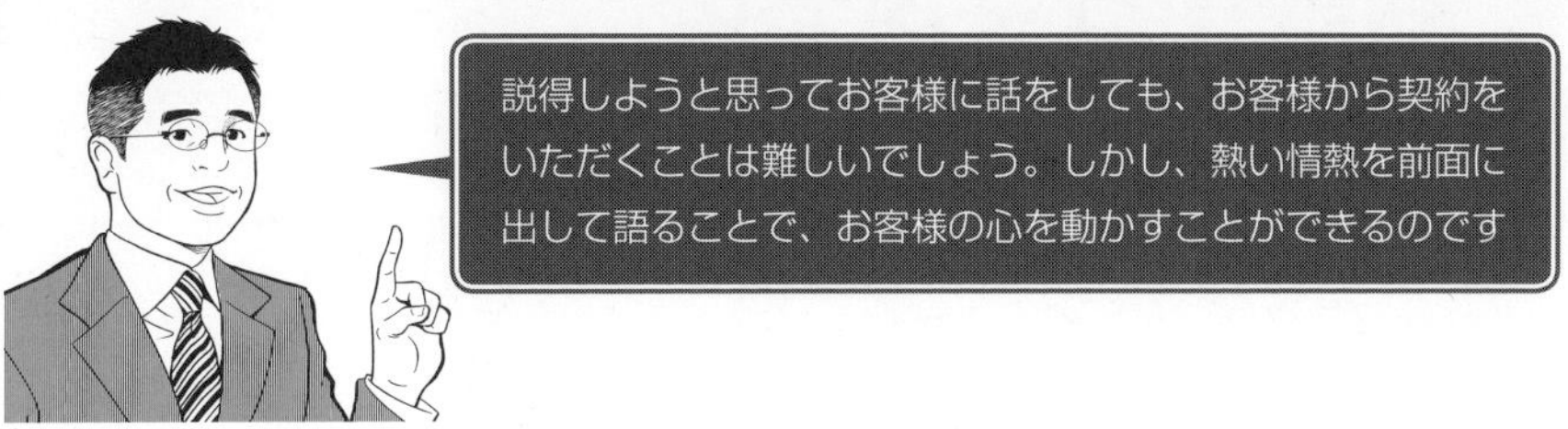
説得しようと思ってお客様に話をしても、お客様から契約をいただくことは難しいでしょう。しかし、熱い情熱を前面に出して語ることで、お客様の心を動かすことができるのです

が」と前置きして自分の考えを語ったり、なぜ自分がこの仕事を選んだのかということも、ときには正直に話してみましょう。ひたむきな「情熱」には、きっと人の心を動かす力があるはずです。もちろんこのことは、新人に限らず営業人すべてにいえることでもあります。

スキルUP

新人の頃は「情熱」だけでもらえる契約もあるのです

私が新卒で入社したリクルートという会社は、当時リクルート事件の真っただ中でした。事件の影響は大きく、営業先で何度も罵声を浴びせられました。嵐のような毎日だった私の支えは「自分の案内している商品は社会に必要とされている」という「情熱」。熱くなってお客様に啖呵を切ってしまったり、恥ずかしいこともしましたが、そんな新人だからこそ、契約してくださったお客様もいたわけです。あるのは「情熱」だけ。新人時代は、それでよいのです。

06 うまくいかなかった商談から学ぶもの

バサッ
こんなもの
ウチの会社には
必要ないんだよっ!!
そうですか……
もう
あきらめるしかないか……
でも、どうして
断られてしまったのか、
勇気を出して
聞いてみようかな

なぜ断られたのか、その理由をお客様に聞いてみましょう。今後の財産になります

営業マン・ウーマンにとって、お客様に断られることは日常茶飯事。その商品や契約が、お客様にとって本当に必要のないものだったら、それは仕方のないことです。

でも、そんなときでもできることがあります。なぜ必要ないのか、その本当の理由を聞いてみるのです。

「ご購入いただけなかった理由を聞かせてもらえませんか？　今後のためにも正直に教えていただきたいのです」

そうやって真剣に尋ねてみることで、お客様にとって「本当に必要なかったのか」、それとも「自分の力不足で必要性を感じてもらえなかったのか」を分析することができます。

もしかしたら、たまたま「今」は必

スキルUP 同じ「断られる」にもさまざまな理由があります

目のよい人に眼鏡を売ることができないように、お客様にとって本当に必要ないものを売ることはできません。でも、実は目が悪いけれど、眼鏡のデザインが気にいらなかっただけかもしれません。たまたま今は都合できるお金がないだけかもしれません。同じ「断られる」にも、さまざまな理由があります。だったら、どんな理由なのかを聞いてみましょう。きっと今後の参考になるはずです。

商談が成立しなかったら…

商談は成立しなかったとしても、貴重な時間を割いて話を聞いてくださったお客様にはお礼を伝えましょう。

①気持ちを込める
言葉はもちろん、おじぎの角度にも感謝の気持ちが出るはずです

②具体的に
「ありがとうございました」だけでなく、具体的に心に残ったことなども伝えましょう

③お礼状を書く
その日のうちに、ハガキなどであらためてお礼状を送りましょう

お客様を怒らせてしまったら…

商談中に熱意が空回りして、お客様をうっかり怒らせてしまうこともあります。そんなときは、まずはきちんと謝罪をしましょう。

①誠意をもって
お客様の気持ちや都合を理解する努力をすることが大切です

②言い分は冷静に伝える
お客様の言い分をすべて聞いてから、自分の言い分をきちんと伝えましょう

③きちんと目を見る
問題から逃げていないという態度を表現します

要ないだけかもしれません。

ダメでもともと。自分の成長のためにも、わずかな可能性を探るためにも、断られたときは、その本当の理由をお客様に聞いてみましょう。真剣に成長しようとする姿に応えてくれるお客様は少なくありません。

その商談は結果を生まなくても、そこから得られるものは一生の財産になります。

まだまだ自分が力不足だとわかったから、この反省点を次に活かそう！

07 「出直してこい!」と怒られたときは？

ピクッ
えーと、社員は何名いらっしゃるんですか？
クワッ
そんなことも知らないで来たのか!? ちゃんと勉強してから出直してこいっ!!
ひぃぃぃぃっ……

出直しは「後日」ではなくその「翌日」に。できるだけ早く行動に移します

先輩から引き継ぎ、新たに担当することになったお客様にあいさつに行く。そんなとき、あまりにも基本的なことを質問してしまって、「ちゃんと勉強してから出直してきなさい！　何も知らない新人に付き合ってるヒマなんてない！」などとお客様を怒らせてしまうことがあります。

そんなときは、「後日」ではなく、徹夜をしてでも資料を読み直して、「翌日」にもう一度行くべきでしょう。

担当者が頻繁に入れ替わったりしていると、お客様はストレスを感じたり、その会社に対して不信感を抱くようになっているものです。

マイナスの印象は、できるだけ早く払拭しなければいけません。

また、お客様もまさか翌日に来る

出直し訪問のマナー

●身だしなみや態度で誠意を示す

普段以上に身だしなみをしっかり整えましょう。髪型から靴の先まで緊張感を持ってお客様のところに行かなければなりません。

×出直し訪問でのマナー違反

×言い訳をしたり、ごまかしたりする
×あいまいな表現をする
×反抗的な態度をとる

これでは、せっかく再訪問をした意味がなくなってしまいます。普段以上にマナーを重視する必要があります。

●再訪問はできるだけ早く

お客様の都合は考慮すべきですが、出直しは早くするにこしたことはありません。「ご迷惑とは存じますが、再度、お目にかかって直接お話をさせていただければ幸いでございます。ご都合はいかがでしょうか」とお伺いを立て、できれば翌日にお会いするようにしましょう。

●心からお詫びをする

まず、お詫びの言葉をお伝えします。体を深く前方に曲げる最敬礼で、誠心誠意、謝罪をしましょう。

とは思っていないはずです。「普通」ではない行動を取ることで、やる気をアピールすることもできます。

新人の武器は「情熱」だけです。だからこそ、それを積極的にアピールするように心掛けましょう。

スキルUP 情熱だけで突っ走った結果信頼を得たこともあります

実は「出直してこい！」と怒鳴られたこの話、私の実体験です。といっても、私は上司に言われて仕方なく翌日に行ったのですが、沈黙に耐えられず開き直ってしまいました。そしてこう言ったのです。「半年たったら私が担当でよかったと思わせてみせます。それまでは申し訳ありませんが、お付き合いください！」。思わず口をついて出た言葉でしたが、その気持ちは本当でした。それがきっかけで信頼を得ることができたのです。その方とは20年たった今でも、お付き合いをさせていただいています。

08 「絶対に契約しない」と拒絶されたときは？

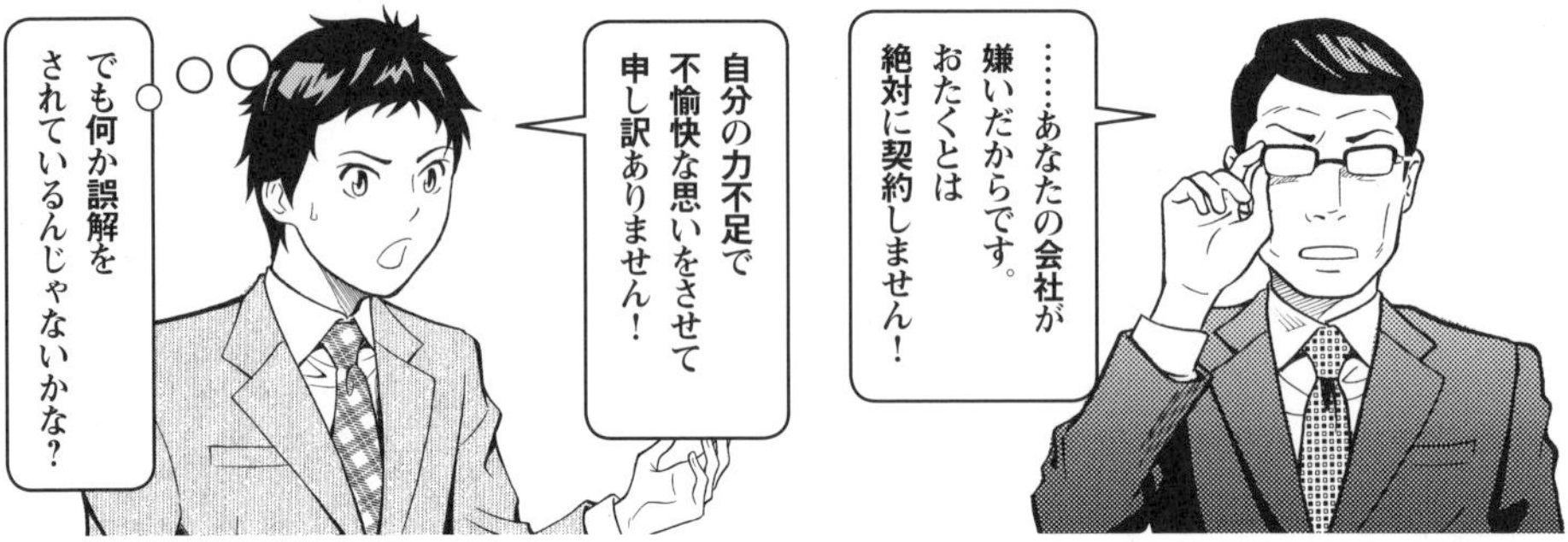
……あなたの会社が嫌いだからです。おたくとは絶対に契約しません！
自分の力不足で不愉快な思いをさせて申し訳ありません！
でも何か誤解をされているんじゃないかな？

契約は縁とタイミング。もしも可能性を感じるなら気長に通い続けてみましょう

あなたの会社が嫌いだから、絶対に契約しない。お客様からそう言われることもあるかもしれません。また、業界へのイメージなどもあることでしょう。

自分の会社の商品が、お客様にとって必要のないものだと思うなら、あきらめたほうがいいでしょう。

でもそうではなく、何かの誤解が原因だったり、本当は必要なんじゃないかと感じたり今後必要になるかもしれないと少しでも感じるなら、商談をしなくても、気長に通い続けてみてもいいかもしれません。

近くに来たから寄ってみた。そんなスタンスで通い続けてみる。

ただし、そのときは自分に負荷をかけないことが大切です。「負荷」というのは、「契約をいただく」という期待をしないということです。

契約は縁とタイミングです。通い続けていれば、縁が生まれ、いつか商品が必要になるタイミングが訪れるかもしれません。そんな営業の方法もあることを覚えておいてください。

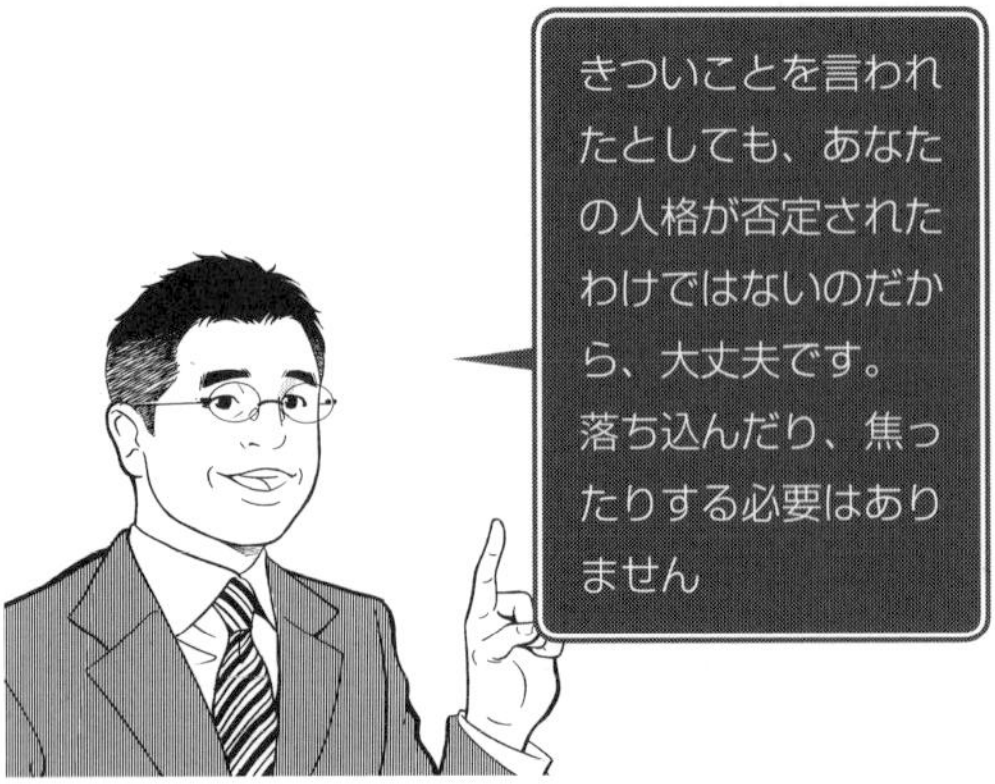
きついことを言われたとしても、あなたの人格が否定されたわけではないのだから、大丈夫です。落ち込んだり、焦ったりする必要はありません

スキルUP 長い時間をかけて通い続けて お客様の心をゆっくり溶かす方法もあるのです

私は「あなたの会社とは絶対に契約しない」と言われた会社に通い続けたことがあります。担当者に好感を抱いたからです。数カ月に一度くらい、近くまで来たついでに寄ってみる。そんなかんじで通っているうちに、少しずついろいろな話ができるようになり、3年後に初めて契約をいただけました。お客様の心をゆっくり溶かす。新人だからこそできた貴重な経験でした。熟すのに3年が必要な「ぶどう」だったのですね。

09 「もう二度と来るな！」と追い出されたときは？

決してあきらめず、普通はしないことをしてお客様を驚かせるのも手です

営業の現場は、辛いことがたくさんあります。そんなの当たり前です。営業に行った先で、「もう二度と来るな！」と怒鳴りつけられて、塩をまかれて追い出される――。

そんなことだってあります。でも、どんな逆境になっても、決してあきらめない人たちもたくさんいます。

これはある営業ウーマンの実話なのですが、その女性は塩をまかれて追い出された会社に、翌日、あるものを持って訪問したそうです。

何を持っていったと思いますか？

何と、その女性は「塩」を買って持っていき、「こんな私のような者のために塩を使わせてしまって、すみませんでした！」とにこやかに頭を下げたのです。のちに彼女は契約を

翌日
……これは一体何のつもりだね？
こんな私のような者のために塩を使わせてしまってすみませんでしたっ!!

していただいたそうです。

その会社の人たちは、きっと「こんな営業がうちにも欲しい」と思ったのではないでしょうか。そう思わせることができたら、勝ちなのです。ダメでもともと、せっかくならこんな面白いエピソードをみなさんもつくり出してみてはどうでしょうか？

スキルUP　「こんなことするヤツいないよ！」そう思わせる人が優秀な営業です

私はこの営業ウーマンの話を聞いて、思わず笑ってしまいました。すごいですよね。でも失うものも何もないし、面白い発想ですよね。「こんなことするヤツいないよ」と驚かせることができるのが、本当に優秀な営業かもしれません。私自身も「普通の営業がしないこと」を徹底することで、トップセールスになれました。辛いことも多い仕事ですが、努力が実を結ぶ仕事でもあります。みなさんも想像力を持って頑張りましょう。

10 本当の意味での「営業」とは何か？

それでは、こちらの商品をご契約いただくということでよろしいでしょうか？
うん、そうだね よろしく頼むよ
よし！ 今月は これで5件目だ!!
ニヨキ ニヨキ
俺って めちゃくちゃ 優秀な営業マンかもっ!!!

お客様の悩みや問題点を商品を通じて解決するのが本当の意味での「営業」です

営業に行ったら、あっさり商品が売れた。別のところでも、また売れた。目標を達成することができた。

しかし、これから先もずっと売り続けることができるのでしょうか？

どういうことかというと、お客様が欲しいものを、たまたま自分が持っていっただけで、ただ単にタイミングがよかったというケースも多々あります。

「本当に売る」というのは、お客様が抱えている悩みや問題をきちんとヒアリングでき、その問題の解決策として、自分の商品が使えるのかどうかを考えたうえで、お客様に提案を受け入れていただくことを指します。

「問題」とは、顕在化しているものだ

スキルUP 「顕在化しているニード」よりも「潜在化しているニード」を開拓しましょう

営業の世界では「顕在化しているニード」と「潜在化しているニード」という言葉がよく使われます。前者はお客様が自覚している必要性や問題点、後者はお客様自身がまだ気づいていなかったり、忘れている必要性や問題点という意味です。優秀な営業マン・ウーマンは、後者の「潜在化しているニード」をお客様に気づかせて、商品を通じて悩みや問題を解決することができます。最初は難しいかもしれませんが、目指すべき目標として覚えておいてください。

お客様のニードを喚起する

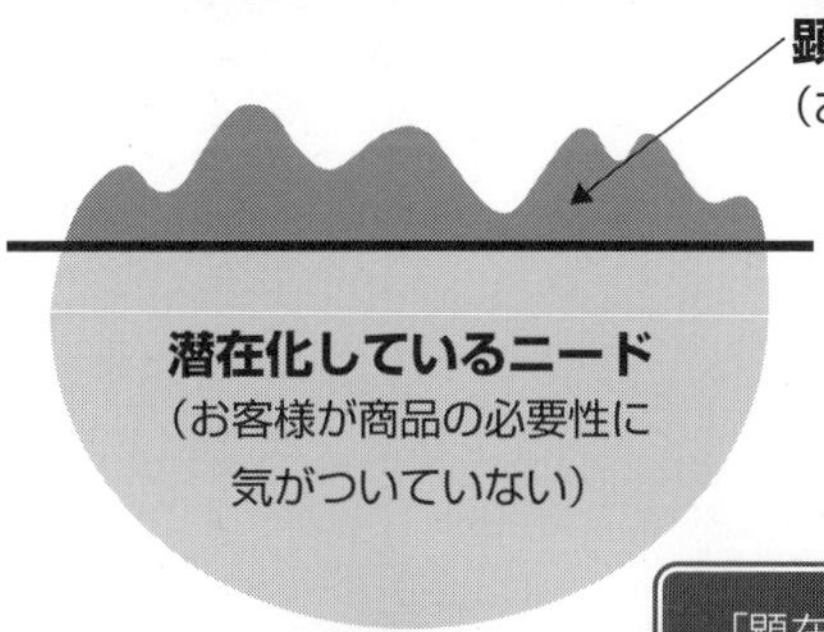
顕在化しているニード
（お客様が商品の必要性に気がついている）
潜在化しているニード
（お客様が商品の必要性に
気がついていない）

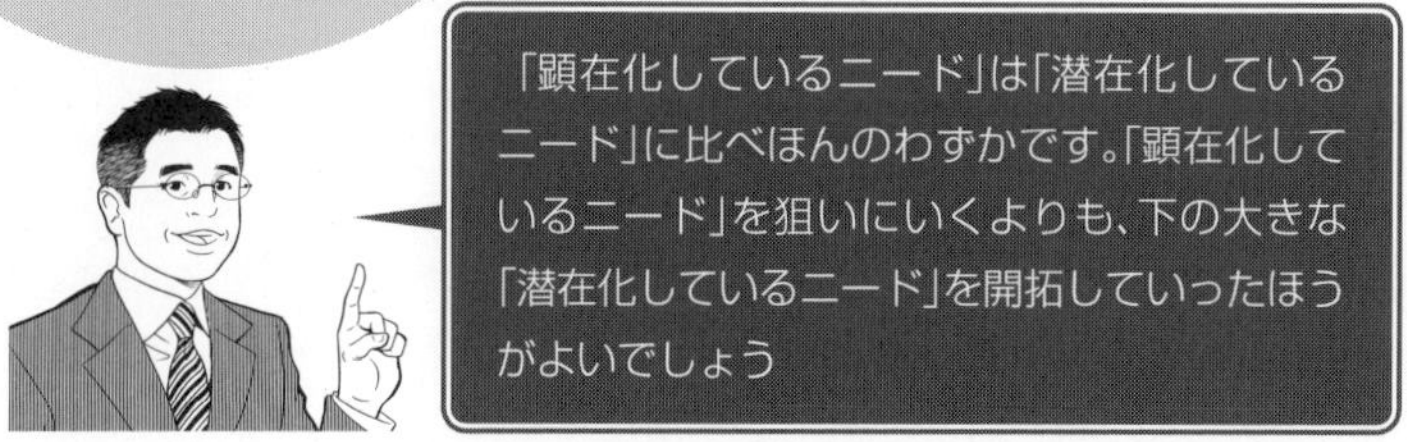
「顕在化しているニード」は「潜在化しているニード」に比べほんのわずかです。「顕在化しているニード」を狙いにいくよりも、下の大きな「潜在化しているニード」を開拓していったほうがよいでしょう

けでなく、潜在化していてお客様自身が気づいていないものも含みます。

第1章に書いたように、「営業」というのは、ただ「ものを売る仕事」ではなく、「お客様の問題を解決する仕事」です。長く営業を続けられる人は、売る能力にたけているだけでなく必ずお客様の問題を解決しています。また、自分の問題意識も常にそこにあります。

そんな営業を目指してください。

そうか
契約に至らなかったお客様には、
ニードに気づいて
もらえなかったのかもしれない

Check!

営業力チェックリスト……3

商談の際にお客様の気持ちをつかむためのポイントをチェックしましょう。

□ 01 商談に入るタイミング

「何としても契約を！」という気持ちが先走りしないよう注意。お客様がニーズを感じているのかを冷静に見極め、気持ちが熟していないときは熟すまで待ちましょう。

□ 02 商談中に意識すべきことは？

お客様の目線・表情・動作に表れるサインを見逃さないこと。お客様が興味を持ってくれているのか、必ず確認しながら商談を進めましょう。

□ 03 効果的な商品紹介の方法

お客様は感情で商品を購入します。ですからたとえ話などを使って感情に訴えかける話をすることが、効果的な商品紹介の方法となります。

□ 04 お客様が興味を示してくれる話し方は？

まず、一方的に自分だけが話していないか確認を。そして、重要なところだけはお客様に質問をして答えてもらうようにします。大事なことは相手にふるのがポイントです。

□ 05

新人営業のいちばんの武器は？

興味を示していないお客様に説得を試みても、むしろ逆効果になることがあります。新人ならではのひたむきな情熱で、失敗を恐れずお客様の心を動かしてみましょう。

□ 06

うまくいかなかった商談から学ぶもの

断られた本当の理由を尋ねてみましょう。「本当に必要ない商品なのか」「自分の営業力不足ではなかったのか」等を分析でき、次の営業の糧となります。

□ 07

「出直してこい！」と怒られたときは？

徹夜をしてでも資料を読み返して翌日すぐに再訪問をします。悪い印象はできるだけ早くぬぐいさります。出直しは「後日」ではなく「翌日」にして、情熱をアピールしましょう。

□ 08

「絶対に契約しない」と拒絶されたときは？

契約は縁とタイミング次第です。何かの誤解が原因で拒絶をされているのならば、契約をいただこうと思わずに気長に通い続け、商談の時期が訪れるのを待つのも営業の方法です。

□ 09

「もう二度と来るな！」と追い出されたときは？

失うものは何もない！　決してあきらめず、「こんな営業がうちにも欲しい」「こんなヤツいないよ！」と思わせることができたら、グッと距離が縮まります。

□ 10

本当の意味での「営業」とは何か？

営業の仕事は「お客様の悩みや問題を解決する」ことです。お客様の悩みを聞き出し、解決策として売りたい商品を受け入れていただくことで初めて本当に売ったことになります。

セールストークは「お笑い芸人」に学ぼう

営業の勉強会などに呼ばれると、必ずこのような質問をされます。
「普段どんな本を読んでますか?」
「新聞は何新聞を読んでますか?」
営業マン・ウーマンにとって、ビジネス書を読んだり、新聞をきちんと読むことは当然なのでしょう。

でも、私はほとんど本を読みません。新聞は朝日新聞を取っているものの、読むのはせいぜい番組欄くらい。そのかわりにテレビをよく見ています。といっても、ただヒマつぶしをしているわけではありません。

私は、ビジネス書や新聞を読むよりも、ときには、よい映画やドラマ、あるいはお笑い番組などを見たほうが、営業マンとしての勉強になることがあると考えています。

営業にとって何よりも重要なのは、お客様とのトークです。といっても、話す内容は基本的にはみんなほとんど変わらないはずです。

にもかかわらず、営業成績に差が出るのは、話す内容は同じでも空気感や間など、話し方が人によって違うからです、映画やドラマでも、下手な役者が演技すると泣ける場面なのに泣けなかったりするのと同じように、営業も話し方次第でお客様の反応が大きく異なります。ですから、映画やドラマを見ると、話し方や会話の組み立て方、間の取り方など、本当に参考になります。

もっと感心してしまうのは、お笑い番組です。芸人さんは話術だけで人を笑わせることができるのですから、本当に凄いと思いますし、トークの仕方など、学ぶことだらけです。

……だからこそ お客様の大切な方のために この商品が必要だと思うのです
なるほど……

『すべらない話』などを見ていると、芸人さんの周囲ではいつも面白いことが起きているように感じますが、きっとそうではないはずです。

芸人さんは、普通の人が話したら面白くないことも、さまざまな工夫をして面白おかしく聞かせてしまう高度な技術を持っているのでしょう。

自分の話に興味を持たせる方法や、相手を引き込む間の取り方、抑揚の付け方、話の中身に感情移入させることができるようなトークの技術は、営業にとっても必要不可欠。

人間は感情を揺さぶられないと、行動しない生き物です。契約をしたり、商品を買うときも同じです。ただ決まったセリフを言うだけでは、お客様の心は動かせません。

映画やドラマ、お笑い番組などで話術の勉強をして、日々の営業トークに活かしていきたいものです。

今日もうまくお客様とお話しできなかったな
ハァ…
ハハハハ
それでそのときに、僕がこう言ったんですよ
ワハハハハ
……って、そんなことあるんですか!?
ほんとですか、ソレ!?
そうか、話し相手を引き付けるにはこの間が大切だったのか!!

第4章

商談が終わってからが営業の腕の見せどころ

営業の仕事は、商談が済めば終わりということはありません。むしろ、商談後の行動で営業マン・ウーマンとしての真価が問われます。

第4章では商談後の注意点、お客様とのコミュニケーションのコツを紹介します。

商談後の営業の流儀

01	お客様が書類に サインするときの注意点	ペンの用意はもちろんのこと、サインをしてもらうときなどちょっとした心配りが必要です
02	訪問先から帰るときに 心掛けることは?	マイ靴べらを用意しておきます。私たちは「訪問者」であって「お客様」ではありません
03	お辞儀をするときの ポイントは?	お辞儀は深く長く、感謝の気持ちをしっかりこめて行いましょう
04	お礼のハガキはいつ書く?	お客様へのお礼状はできるだけ早く出しましょう。訪問した直後がベストです
05	お客様から電話を いただいたときの第一声は?	相手が誰かわかっていたら「はい、○○さん」とお客様の名前を呼びましょう
06	携帯の留守番電話の 応答メッセージは重要	留守電の応答メッセージは伝言メモは避けて自分の声で吹き込みましょう
07	商談中の携帯の設定は?	マナーモードではなくサイレントモードにしておく。振動音が鳴るのもダメです
08	携帯からの発信メールには 要注意	携帯からのメールには素っ気ない印象をフォローする最後の一文をプラスします
09	どんなときも 「迅速な対応」がベスト?	「迅速な対応」の前にお客様の状況を想像して行動することが最優先です
10	お客様から 個人的な相談を受けたときは?	本気で相談をされたら自分の考えを率直に伝えるべきでしょう

01 お客様が書類にサインするときの注意点

では、この書類にサインをお願いします！
パサッ
……
ニコッ
ムッ

ペンの用意はもちろんのこと、サインをしてもらうときなどちょっとした心配りが必要です

商談が成立して、お客様が契約書にサインをする。営業マン・ウーマンにとって待ちに待った瞬間です。

でも、契約書にサインをする最後の段階で「この人に任せてしまって大丈夫かな……？」と思わせてしまったら、すべてが台無しです。

書類を無造作に手渡して、お客様がサインするのをただ見ているだけでは、優秀な営業とはいえません。

書類は、きれいに揃えて手渡し、記入や捺印をしていただくときは、書きやすいように手で紙を押さえるとよいでしょう。

蛍光ペンで線を引くときは、ぐにゃぐにゃした曲がった線ではなく、まっすぐな線を引きます。

対面した席で何かを書いて説明す

スキルUP スーツの内ポケットには、男性用、女性用の2種類のペンを用意しています

サインをしていただくときは、当然ですがペンが必要です。私は内ポケットに2本のペンが入る特製のスーツを着ています。2本ともボールペンですが、男性用と女性用とで使い分けているのです。太めのほうが男性用で、少し重ため。細くて軽いペンは女性用です。

お客様に気持ちよくサインしていただくために、ちょっとした工夫を意識しています。

女性用のペン
男性用のペン
スーツの内ポケットにいつも入れている2種類のペン

文字を逆さまに書くテクニック

数字はもちろん、「安心」「一生涯」といった漢字も逆さまから書きます

ることきは、文字を逆さまに書くと、いちいち紙をひっくり返さなくて済みますし、ちょっとした感動をお客様に味わっていただけます。

どれもちょっとした心配りですが、少しでもお客様に安心感を抱いていただけるように、最善を尽くすのが営業マン・ウーマンの仕事なのです。

文字を逆さまに書くのは、もともとは私の先輩の得意技だったのですが、今では私も「文字を逆さまに書ける人」としてお客様に顔を覚えていただけるようになりました。難しそうですが練習すれば、誰でもできるようになります

02 訪問先から帰るときに心掛けることは？

マイ靴べらを用意しておきます。私たちは「訪問者」であって「お客様」ではありません

個人のお客様の自宅から帰るとき、お客様が「どうぞ」と言って、靴べらを出してくださることがあります。それは使ってもよいと思いますか？

もちろん、使ってもかまいません。でも、「結構です」と言ってスーツの内ポケットからマイ靴べらを取り出して、「シュパッ、シュパッ」とスマートに靴を履いて出ていく。

そのほうが格好よくないですか？どんな分野でも一流と呼ばれる人の動作には無駄がありません。自分用の小さな靴べらを持ち歩いていて、颯爽と訪問先を出ていく。そんな営業マン・ウーマンには、一流のオーラが漂っているはずです。

どうせ契約を交わすのなら、お客

スキルUP 先輩のマイ靴べらを見て、人生が変わるほど感銘を受けました

実をいうと、私はもともと大の保険嫌いでした。そんな私が保険会社に転職したのは、「マイ靴べら」を持参している保険の営業マンに出会って、感銘を受けたことが大きく影響しています。今では同じ会社で働いています。自分は「お客様」ではないから「お客様」のものは使わない、という理由も、実は後づけで考えたものです。最初は「きちんとした人」を演出するためにマネしただけです。でも、それでいいのです。続けることで気持ちも本物に変わっていきます。

自分用の小さな靴べらを持ち歩く

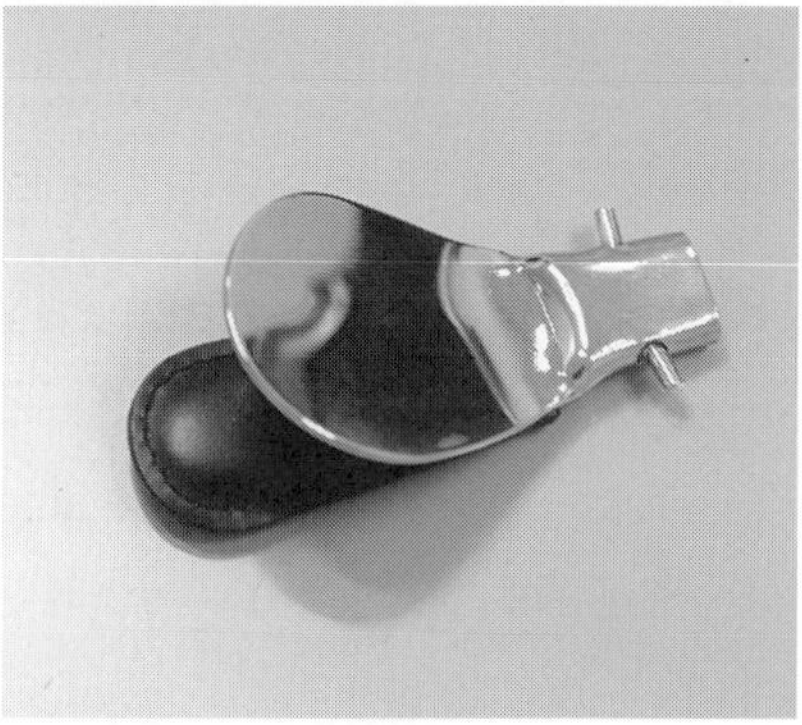

靴べらは折りたたんだ状態で、
スーツの内ポケットに

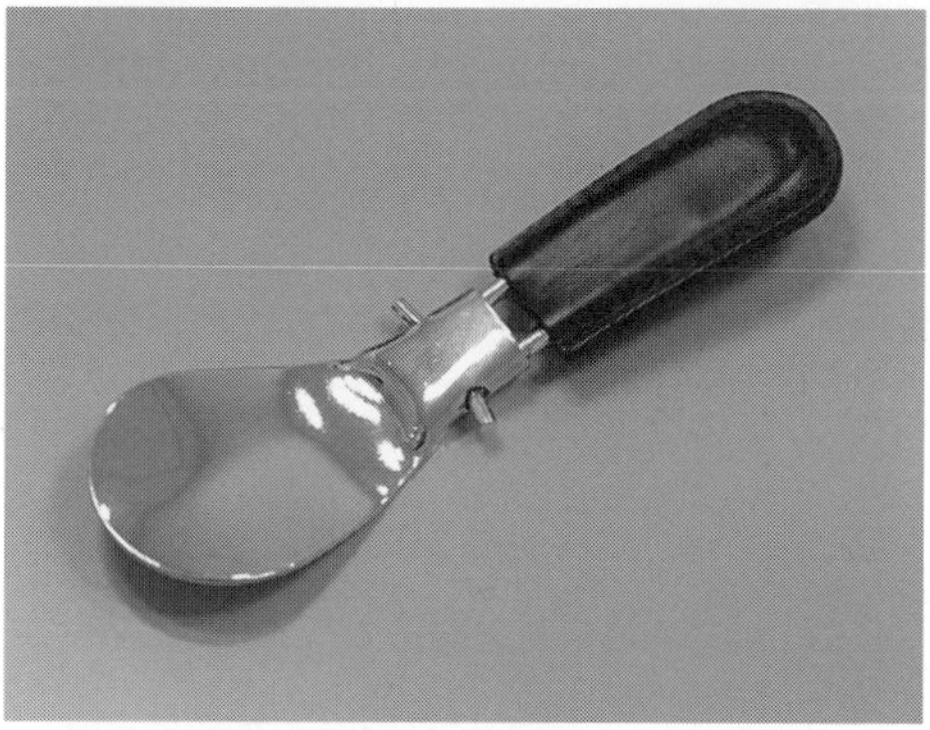

私が愛用している「マイ靴べら」です

マイ靴べらは、スーツのポケットにいつも入れてあります

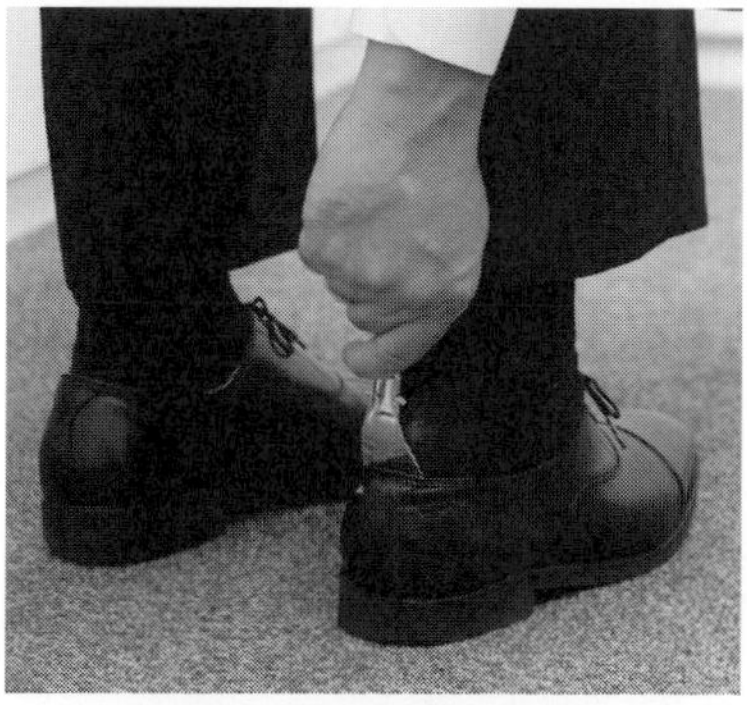

スマートにシュパッと履きましょう

様もそんな一流の人と交わしたいと思うのではないでしょうか？

　そして、繰り返しになりますが、営業マン・ウーマンは「訪問者」であって「お客様」ではありません。「お客様」のものは、できるだけ使わないように心掛けましょう。

03 お辞儀をするときのポイントは？

今日は
ありがとう
ございました！

お辞儀は深く長く、感謝の気持ちをしっかりこめて行いましょう

「当たり前のこと」をきちんとするだけで、ほかの営業と差がつく。

そんな話を何度かしてきましたが、訪問先から帰るときの「お辞儀」もそのひとつです。軽い会釈で帰る人、歩きながらお辞儀をする人、深々と頭を下げて「ありがとうございました」と落ち着いてあいさつする人……。

お辞儀の仕方も人により違いますが、その小さな違いが営業マン・ウーマンの印象を大きく左右します。

お辞儀をするときは、「どうもありがとうございました」と言って、お客様のほうを真っ直ぐ向き、上半身をほぼ垂直に深く曲げて、相手より長く頭を下げる。相手が頭を上げた時点でも、まだお辞儀をしている――。

誰にも負けないお辞儀の仕方

上半身はほぼ垂直に深く曲げます。私はこの「かっこ悪い」お辞儀を徹底しています

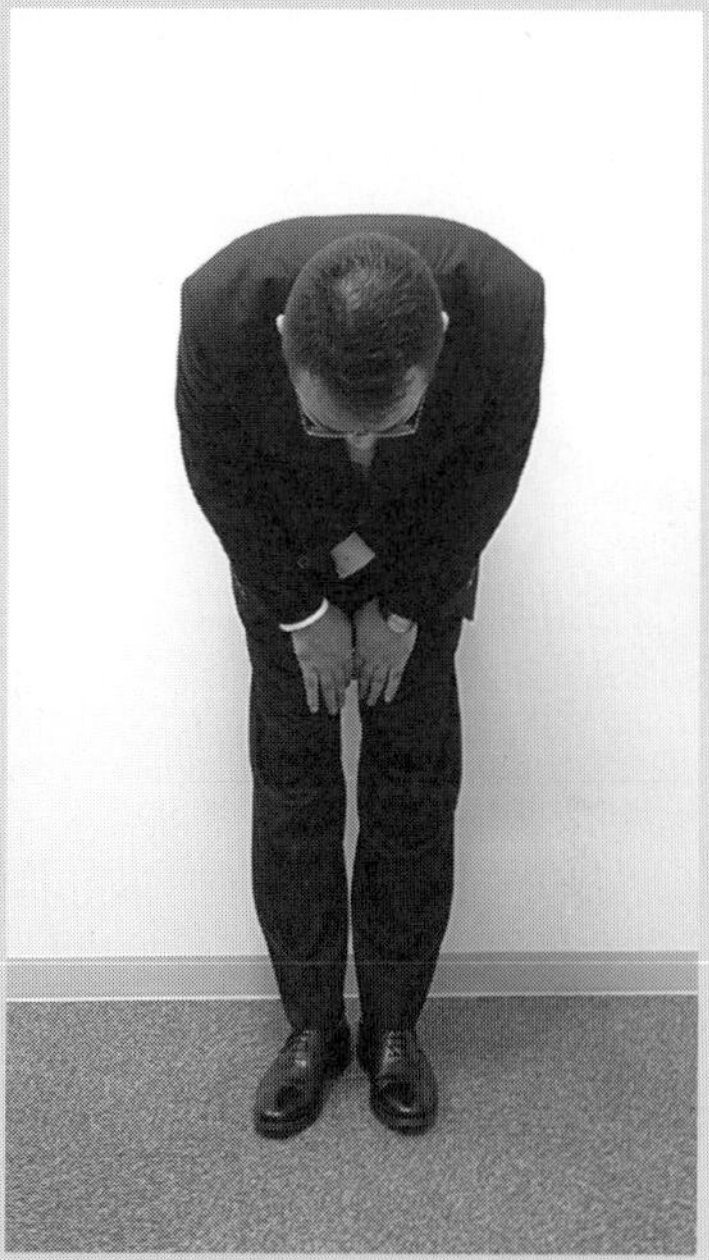

深く長くお辞儀をします。お客様が乗ったエレベータの扉が閉まり切るまで、頭を上げることはありません

そんなに深くて長いお辞儀をする人は多くはいません。かっこ悪いと感じる人もいるかもしれません。

でも、ほかの人がやらないことだからこそ、印象を与えることができるのではないでしょうか？

そんな「かっこ悪いお辞儀」こそ、あなたの印象をつくるのです。

スキルUP お辞儀を徹底して大成功を収めている人がいます

私はお辞儀にはとくにこだわっていて、自分より深く頭を下げて、なおかつ自分よりも後に頭を上げた人は、まだひとりしか会ったことがありません。その方は成功を収めている、ある有名な女性経営者でした。その方にお会いして初めて「お辞儀負け」しましたが、同時に嬉しかったことも確かです。その方が「当たり前のお辞儀を徹底すること」で、大きな成功を収めることに繋がるのを証明してくださったのです。それからはより強くお辞儀というものを大切にしています。みなさんもぜひ心掛けてみてください。

04 お礼のハガキはいつ書く？

おっ、お礼のハガキか。いつお会いしたお客様なんだ？
3日前です
3日前か……

お客様へのお礼状はできるだけ早く出しましょう。訪問した直後がベストです

みなさんも時間を取って話を聞いてくださったお客様に、お礼のハガキを書くことがあるでしょう。

そのお礼状はいつ出しますか？

3日後や4日後よりも、翌日に書いて2日後に届けば、お客様にもきっとよい印象を残します。

でも会った翌日にお客様の手元に届いたら、最もインパクトがあると思いませんか？

お礼状を書くだけでも立派なことですが、普通は会社に帰ってからか、もしくは次の日に書いて送ると思います。

けれども、訪問した直後、帰社前にハガキを書いて翌日に届いたら、お客様は「いつ書いたんだろう？」と驚き、その営業マン・ウーマンに一目置いてくださるのではないでしょうか。

ですからお礼のハガキはすぐに書きます。ただそれだけのことですが、「ほんの少し周りと違うこと」をするだけで、相手に与える感動は大きくなります。

一流の営業マン・ウーマンは、このようにして「ほんの少し周りと違うこと」でお客様の心をつかんでいるのです。決して難しいことではありません。ぜひ試してみてください。

お客様に会っていただいたらすぐにハガキを書くようにすれば出し忘れることもなくて安心ね

お客様の心をつかむお礼の手紙

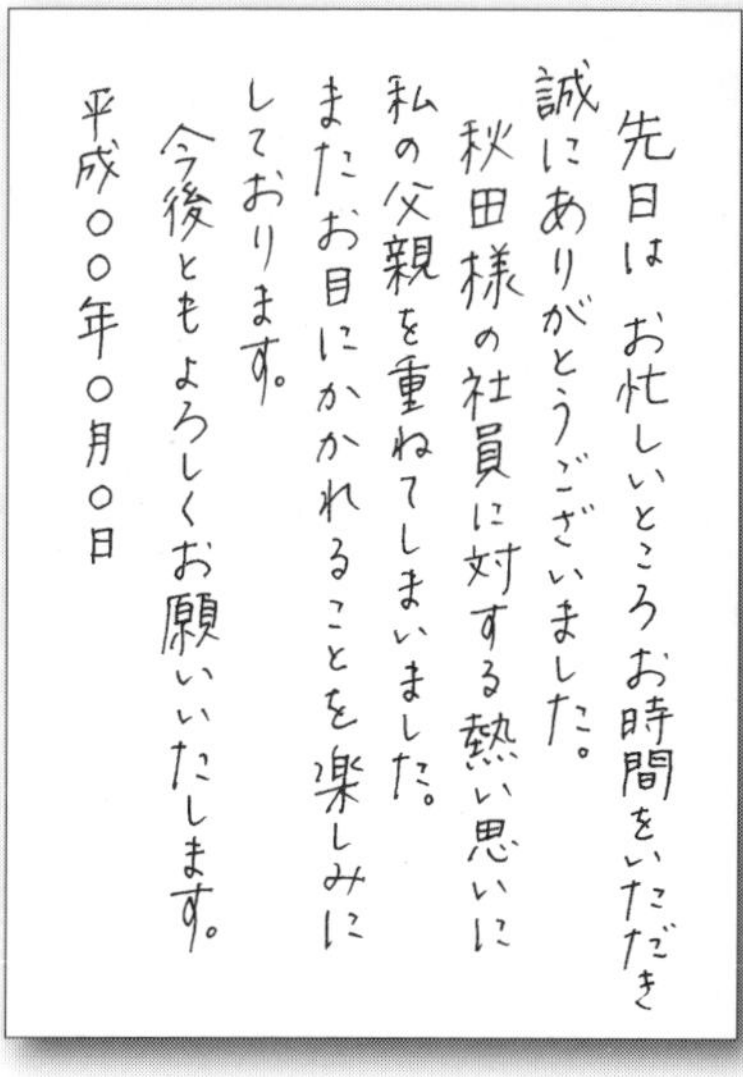
先日は お忙しいところお時間をいただき
誠にありがとうございました。
秋田様の社員に対する熱い思いに
私の父親を重ねてしまいました。
またお目にかかれることを楽しみに
しております。
今後ともよろしくお願いいたします。
平成○○年○月○日

形式よりも、心を込めて自分の言葉でお礼を伝えます。

ハガキはもともと略式の文書なので、形式にこだわりすぎる必要はありません。しかし最低限のマナーはきちんと押さえておきましょう。

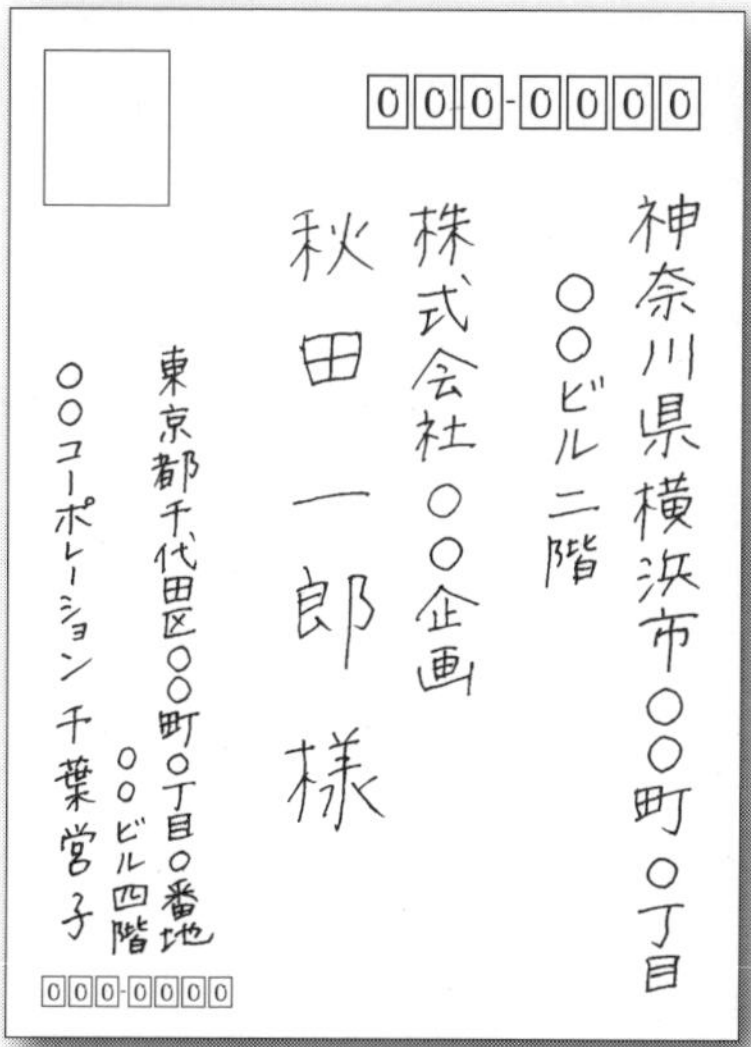
000-0000
神奈川県横浜市○○町○丁目
○○ビル二階
株式会社○○企画
秋田一郎様
東京都千代田区○○町○丁目○番地
○○ビル四階
○○コーポレーション 千葉営子
000-0000

住所：2行にわたるときは、2行目は1字下げる
社名：株式会社や有限会社を（株）（有）などと略さない
宛名：氏名は住所よりもやや大きめに書く

スキルUP 一流の営業マンに出会って、自分の未熟さを痛感させられたことがあります

私は実際に、ある営業マンと会った翌日にお礼のハガキが届いて驚いたことがあります。その営業マンというのが、前述しました「マイ靴べら」を持参していた今の会社の先輩です。この先輩に出会って、私は「自分はまだ未熟な営業マンだな……」と痛感しました。「マイ靴べら」と「翌日のハガキ」で心をつかまれた私は、保険に加入しただけでなく、2年後には同じ会社に転職しました。一流の営業には、他人の人生に影響を与えるほどの力があるのです。

05 お客様から電話をいただいたときの第一声は？

着信
福岡様
090-
プルルルルル
あ、福岡さんからだ
もしもし、福岡ですが
はい、千葉です

相手が誰かわかっていたら「はい、○○さん」とお客様の名前を呼びましょう

普通とは「ほんの少し違うこと」をして相手にちょっとした感動を与える——。

この考え方は、電話の出方にしても同じことです。お客様から電話をいただいたときに、みなさんはまず最初に何と言うでしょうか？

「はい、○×商事の山田です」と会社名と自分の名前を言うか、「はい、山田です」と自分の名前を名乗るのが、一般的です。

でも、お客様の番号を携帯電話に登録しておけば、誰からの電話なのかは事前にわかっているはずです。

だったら、このほうがよいでしょう。

「はい、○○さん、山田です」

第一声は、お客様に対して呼びかけて、その次に自分の名前を言いましょう。そうすれば、お客様は「この人、自分のことをちゃんと覚えてくれているんだ」と、安心感や親近感を覚えてくれるのではないでしょうか。

相手目線で考え、自分がしてもらったら嬉しいことをする。これを徹底していけば、お客様に愛される営業マン・ウーマンになれるはずです。

お客様の電話にすぐに対応することは大切だけど
取引先を訪問しているときは
電源をオフかサイレントモードにしておく
のを忘れないように

スキルUP

自分がしてもらったら嬉しいことを自分以外の人にすることに価値があります

「相手目線」というと、特殊な感性がないと気づけない難しいことのようなかんじがしますが、そんなことはありません。私自身も何かに秀でた能力があるわけでもなく、お客様が本当に望んでいることがすべてわかるわけではありません。でも、「自分がしてもらったら嬉しいこと」はわかります。前回が初対面だった人が自分の名前をしっかりと覚えていてくれたら、誰でも嬉しいものです。それを自分以外の人にすることです。それが「相手目線」で考える営業ということではないでしょうか。

携帯電話の基本マナー

①お客様のところを出てから着信を確認

商談が終わり、お客様のところから出たら、携帯電話に着信がないかを確認します。

②静かな場所からかけ直す

人ごみの中など、騒々しいところでお客様から連絡をいただいたときは、こちらからかけ直しをさせてもらうようにしましょう。通話に適した静かな場所に移動してから電話をかけ直すのがマナーです。

③話す内容に注意

不特定多数の人がいるような場所で通話をする際は、話す内容にくれぐれも注意が必要です。個人情報や機密事項に不用意に触れることのないようにしましょう。

06 携帯の留守番電話の応答メッセージは重要

プルルルル
プルルルル
プルルルル……
今、電話に出られないのかな？
留守番電話サービスに接続します。発信音の後に……
あれ？
……この番号で間違ってないよな？

留守電の応答メッセージは避けて自分の声で吹き込みましょう

知り合ったばかりの人に初めて電話をかけたら、留守番電話の応答メッセージが聞こえてきた――。「留守番電話サービスセンターに接続します。発信音の後に……」

そんなとき、その番号が本当に合っているのか不安になりませんか？　きっと何のメッセージも残さない人も多いはず。

もし、その相手が「お客様」だった場合を想像してみてください。それが緊急の用件だったら、メッセージを聞き逃したことで大事な機会を失うかもしれません。

留守電のメッセージは「自分の声」で入れておくのが営業の基本です。

携帯電話の中にメッセージを残せる「伝言メモ」も考えものです。「メッ

スキルUP 携帯電話の呼び出し時間は適度な長さに設定しましょう

携帯電話が留守番電話に接続されるまでの呼び出し時間は、人によって差があります。電話をかけたとき、長く呼び出していて、「留守電にもならないのかな」、と不安に思った瞬間に留守電のメッセージ音がする。そんな経験はありませんか？　もしそのような経験があれば、自分の携帯電話の呼び出し時間はどうなっているか確認してみてください。そして、電話をかけた相手がストレスを感じず、なおかつ自分が着信に対応できる時間に設定しましょう。

プルルルル
プルルルル
プルルルル
プルルルル
出ないな……
留守電にも
ならないのかな
プルル……
留守番電話
サービスに……
これだけ待たせて
結局留守電か！

セージを20秒以内で……」というあれですね。メッセージを残している途中で「ピー」と打ち切られたり、焦って早口で話さなくてはいけなかったりで、誰でもイライラした経験があるはずです。電話はコミュニケーションの基本。留守電には細心の注意が必要です。

自分が電話をかけたときや、受けたとき、少しでもストレスを感じることがあったら、それをもとに自分自身に改善すべきことはないか考えましょう

07 商談中の携帯の設定は？

マナーモードではなくサイレントモードにしておく。振動音が鳴るのもダメです

お客様との商談中に、ポケットの中で携帯電話が震えている。着信音が鳴るのはもってのほかですが、たとえマナーモードに設定していても、振動音で目の前のお客様に電話がかかってきていることがわかってしまいます。

携帯電話は電車などの公共機関では、マナーモードでよいでしょうが、商談中はそれではいけません。着信音が鳴らなくても、ブルブルと振動音がすれば、電話がかかっていることがお客様にわかってしまい、気を遣わせてしまいます。また、着信が何度も繰り返しあったりすると、商談中のお客様の集中力が途切れてしまいます。それに何よりも、お時間をいただいているお客様に対して失礼に

留守番電話にメッセージを残す場合

いつもお世話になっております。○○社の○○でございます。
留守番電話に失礼致します。
今週金曜日７日のお打ち合わせの件ですが、
時間は午後２時からでお願いできますでしょうか？
お手数をお掛けし申し訳ございませんが、ご都合をお聞かせいただければと思います。
またこちらからご連絡させていただきます。どうぞよろしくお願い致します。

注意すべきポイント

①自分の会社名と名前をはっきりと告げる
②打ち合わせの日時、場所などはゆっくり聞き取りやすく伝える
③「お手数をお掛けし～」などのクッション言葉を適切に使い、丁寧な言葉で話す

なります。

　商談の時間に水を差してしまうことがないように、細心の注意を払いましょう。商談中は、携帯電話の電源はオフにするか、振動もしないサイレントモードにしておくことをお忘れなく。

スキルUP　携帯電話には細心の注意を払いましょう

　電話の出方や呼び出し音の長さなど、「そんなことまで気にしなきゃいけないの……？」と思う人もいるかもしれません。しかし、お客様からの電話は緊急事項か重要事項の場合がほとんどです。たった一度の連絡を聞き逃したことが原因で、商談の機会を失う可能性だってあるのです。そもそも「相手目線」で考えたら、お客様に不安やいらだちを与えるのはよくないこと。携帯電話は営業の必須アイテムです。皆さんがお客様を大切にしようと思っているのなら、気を遣いすぎるくらいでちょうどよいのです。

08 携帯からの発信メールには要注意

携帯からのメールには素っ気ない印象をフォローする最後の一文をプラスします

電話と同じく、お客様とのコミュニケーションの手段として欠かせないのが「メール」です。

外出先から携帯電話でメールを打つことも多いでしょう。ただ、携帯メールの場合、文頭のあいさつもほどほどに、用件も簡素になりがちです。互いに携帯でやりとりするときはさほど気にならなくても、パソコンで読むと、1行がやたらと長くて読みにくかったり、妙に素っ気ない印象を受けたりするものです。

ですから、こんな一文をメールの最後に入れてみたらいかがでしょう。

「外出中のため、携帯からメールを転送させていただきます。簡単なメールで失礼致します」

このような一文を入れておけば、多少素っ気なく感じたり、用件だけの短い文章であっても、自然と納得していただけるのではないでしょうか。

本当にささいなことですが、小さなことの積み重ねが目に見えないかたちで結果に反映される。営業とは、そういう仕事です。

スキルUP 自分が読む側だったらどう思うかを考えましょう

私は、本来はかなり大雑把な性格なのですが、デジタルな世界に明るくないせいか、携帯メールを打つときは妙にいろいろなことが気になります。「どんな書体で表示されるのか？」「ちゃんと改行されているのか？」「文字数が少なくて失礼ではないか？」などなど。

そこで考えたのが、最後に一文を加えることです。私が読む側だったらどう思うかを考えるのです。

携帯電話からメールを送るときのマナー

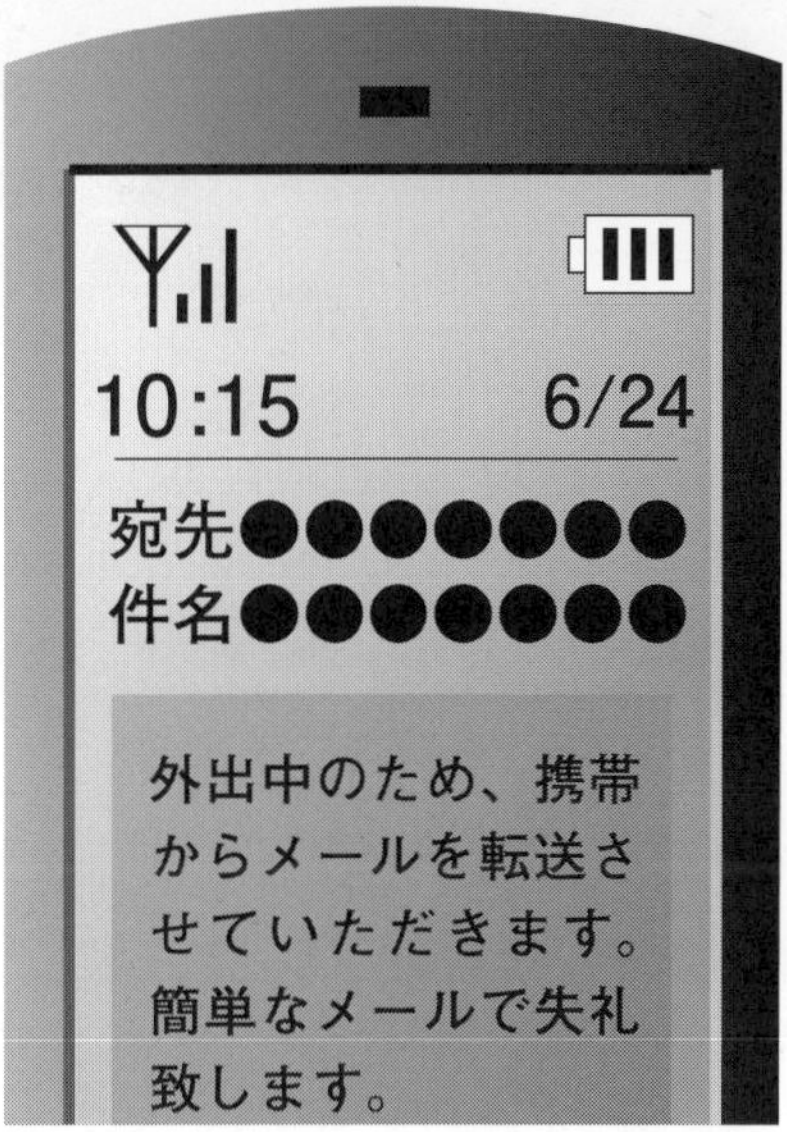
10:15
6/24
宛先●●●●●●●
件名●●●●●●●
外出中のため、携帯からメールを転送させていただきます。簡単なメールで失礼致します。

●件名で内容がわかるように

シンプルかつ、おおよその用件がわかるように配慮します

●改行は多めに入れる

1行が長くなりすぎないように、文章の切りのいいところで改行をします

●記号や絵文字は使わない

絵文字や顔文字はビジネスには不適切なので避けます。また、記号（特殊文字）なども文字化けすることがあるので使いません

●最後に自分の名前を入れる

メールの最後に自分の名前を入れることを忘れないようにしましょう。携帯電話の署名機能を使用してもかまいませんが、表記は簡潔に

送信前に必ずチェック

①伝えたい内容を十分に満たしているか
②誤字脱字がないか、数字等の表記は間違っていないか
③機密事項に触れていないか
④送信相手の名前、アドレスに間違いはないか

メールを受け取る相手の状況を想像して送るんだ

09 どんなときも「迅速な対応」がベスト？

そうだ！山田様に折り返しの電話をしなくちゃ！
……でもこの時間だと
ラーメン
バカヤローッ!! この忙しい時間に電話してくるんじゃねぇよ!!
一番
よし、携帯にメールを入れておこう
ブブッ ブブッ
カタ カタッ
お電話をいただいておりましたが、今はお忙しいかと思いますので、14時過ぎにまたお電話を差し上げます……

「迅速な対応」の前にお客様の状況を想像して行動することが最優先です

営業の世界では「クイックレスポンス（迅速な対応）」が基本とされています。お客様に対して、できるだけ早く対応することで、余計なストレスを与えないようにするということです。

もちろんこれは大切なことですが、それ以上に重要なのは「お客様の状況を考えて」行動することです。お客様にとって「迅速な対応」が必ずしもベストとはかぎりません。

たとえば、飲食店を経営するお客様に連絡するなら、忙しいランチタイムは避けなければなりません。

電話1本かけるにしても、お客様が今どんな状況なのかを想像します。携帯メールのアドレスを知っているなら「今、お電話してもよろしい

スキルUP　お客様の状況を想像して、「とにかくすぐに行動する」ことと、「相手目線で行動する」ことを使い分けます

　何が何でも「クイックレスポンス」。最近はそんな風潮があるようですが、私は違和感を覚えます。それよりも大切なのは、相手目線で考えることです。クイックレスポンスが生きてくるのは、その後です。折り返しの電話をするときは「お客様は今どんな状況だろう？」と考えて、すぐに電話してよいかどうかを判断します。また、折り返しの電話をする前に「相手の用件は何か？」と考えるのは当然のことです。さらに、「その用件の次に来る質問は何か？」まで考えて、それに対しての答えを用意しておくことで、周りと差がつきます。「とにかくすぐに行動する」のと「一度相手の立場を考えてから行動する」のは、似ているようでぜんぜん違うのです。

電話を折り返すときのポイント

すぐに折り返しの電話をかける前に相手の用件を予測して、準備をしてから連絡をしましょう

先ほどご連絡をいただいておりましたので、お電話を差し上げました
この前お願いしていた見積もりってどうなってるかな
はい　その件でしたら……

でしょうか？」とメールを送って、「大丈夫です」と返信が届いてから、電話をするという方法もあります。

　ひとつの行動を起こす前に、まずは相手目線で考えてみる。そのうえで「迅速な対応」を取っていく。

　想像力を駆使して、臨機応変な行動ができるように心掛けましょう。

準備をして臨んでも、予想していた質問とは違っていて、すぐに答えられない場合もあります。
そのときはいったん電話を切ってかけ直しましょう

10 お客様から個人的な相談を受けたときは？

それでは失礼致します
あ、ねえ……ちょっといいかな
正直、君から見てウチの会社どう思う？
できたら、そのことで相談に乗ってほしいんだけど
えっ⁉

本気で相談をされたら自分の考えを率直に伝えるべきでしょう

お客様と信頼関係が築けるようになると、ときには業務とは直接関係のない個人的な相談をされることがあります。そんなときは、どう対処したらよいのでしょうか？

適当にヨイショして、お客様のご機嫌を取っておけば、自分の仕事には何の影響もないかもしれません。

でも、本気で相談されたときは、言いにくいことでも、自分の考えを率直に伝えるべきです。

とくに経営者や社会的地位の高い方は、見え透いたお世辞には慣れています。だからこそ、本音をはっきり言ってくれる人を求めています。

本音の部分で、相手目線にきちんと立てば、見え透いたお世辞を言う必要はありません。

スキルUP 誰にも相談できないからこそ、私たちの意見を求めているのですから、誠心誠意応えましょう

私自身も何度かこのような相談を受けたことがあります。それでわかったのですが、経営者の方々は私たちが思っているよりも孤独です。従業員や同業者には言えない、さまざまな悩みを抱えています。そうでなければ、若輩者の私に相談なんてしないでしょう。だから私はお世辞は言いません。意見を求められたら、思っていることを率直に伝えます。相手が本気で相談してくれているのなら、なおさら信頼に応えなければいけないでしょう。

聞き上手になるためのコミュニケーション術

言葉遣いや態度、表情に気をつけて会話をすることで気持ちを伝えることができます。感じよく、肯定的な言い方をするようにしましょう

○あいづち

「そうですか」「なるほど」などの言葉を使って、話を理解していることを表わす

○態度・表情

相手の話にうなずくだけでも、きちんと聞いているということを伝えられる

経営者の方にも、
いろいろな悩みが
あるんだな

お客様は自分を信頼して、わざわざ相談してくださったのです。その気持ちに応えるためにも、言うべきときは、恐れず、自分の意見をはっきりと言うべきでしょう。

大事なのは話の中味以上に「自分も本気で相手のことを思って話すこと」です。そうして生まれた絆は、目先の損得よりも大切なものになっていきます。

Check!

営業力チェックリスト……4

商談が終わった後も営業の仕事は続きます。
商談後のポイントをチェックしましょう。

□ 01 お客様が書類にサインをするときの注意点

契約書にサインをいただく最後の段階で信頼を失っては元も子もありません。ペンの用意や、記名・捺印のお手伝いなど、安心感を抱いてもらえるようベストを尽くしましょう。

□ 02 訪問先から帰るときに心掛けることは？

繰り返し述べてきましたが、営業は「訪問者」であって「お客様」ではありません。お客様に信頼される行動を心掛けましょう。マイ靴べらを持参するのも工夫のひとつです。

□ 03 お辞儀をするときのポイントは？

お客様のほうを真っ直ぐ向き、上半身を深く曲げて、心をこめて頭を下げ続けます。去り際のお辞儀の仕方ひとつで、営業マン・ウーマンの印象は大きく左右されます。

□ 04 お礼のハガキはいつ書く？

訪問した直後に書いて、すぐに出すのがよいでしょう。会った翌日にお礼のハガキが届けば、お客様に必ずよい印象を与えます。ほんの少しの心遣いが感動を生み出します。

☐ 05

お客様から電話をいただいたときの第一声は？

まずお客様の名前を呼びかけ、自分の名前を名乗りましょう。携帯電話なら事前にお客様の番号を登録しておけば、かかってきた相手が誰かがわかります。

☐ 06

携帯の留守番電話の応答メッセージは重要

応答メッセージは必ず自分の声で入れておきます。番号をかけ間違えていないかなどの不安をお客様が持たずに、安心して留守電を残せるように心配りを。

☐ 07

商談中の携帯の設定は？

必ずサイレントモードか、電源をオフにしておきましょう。マナーモードでは振動音で電話がかかってきていることが目の前のお客様に伝わってしまい、失礼になります。

☐ 08

携帯からの発信メールには要注意

「外出中のため、携帯からメールを転送させていただきます。簡単なメールで失礼致します」などの一文を入れて送りましょう。短いメールにもお客様への心遣いを忘れずに。

☐ 09

どんなときも「迅速な対応」がベスト？

お客様の状況を想像することが最優先です。なるべく早く対応することはもちろん大切ですが、まず相手の目線で考えてから臨機応変な行動を起こすようにしましょう。

☐ 10

お客様から個人的な相談を受けたときは？

適当なヨイショなどせずにお世辞ぬきの本音で応えましょう。本気で相談をしてくれたお客様の気持ちに応えるためには、自分の考えをきちんと言うことが必要です。

レベル10とレベル11の営業の違いを理解しよう

ある一定のレベルを超えたものに対して、人は興味を持つといわれています。これは営業の仕事でも同じことがいえるでしょう。いわゆる「普通」の営業とはちょっと違うことができたとき、初めてお客様に興味を抱いてもらえるのです。

営業マン・ウーマンや販売員に対して、お客様は業界や業種ごとに異なる特定のイメージを持っています。

たとえば、家電量販店の店員は商品知識が豊富だとか、高級ホテルのドアマンは常に背筋を伸ばして直立している、といったことです。

どんな職種にも「この職業の人はこんなかんじ」といった一般的なイメージがあり、そのイメージが業界ごとに異なる「普通」の基準値になると考えてよいでしょう。

「普通」以下の仕事では、とくに印象に残らず、すぐに忘れられてしまうかもしれませんが、基準値を少しだけでも超えることができたら、お客様に対して強い印象を残せるはずです。

みなさんに目指してほしいのは、一般的な基準値を「10」とするなら、そのラインを少しだけ超えた、「レベル11」の営業です。

レベル20や30といった、物凄く高いところを目指す必要はありません。基準値をほんの少し上回る「レベル11」で十分です。レベル20や30になれるのは、ズバ抜けた才能を持った人たちです。

レベル11を実現し、そのレベルを守り続けていくのも決して簡単で

よし！
これがレベル11の営業だ
必ず継続するぞ

はないですが、本書で紹介しているちょっとしたアイデアや発想の仕方は、どれもレベル11を目指すためのヒントになるはずです。

大切なことは2つ。まずひとつは、自分が属している業界の営業マン・ウーマンのレベル10（お客様がイメージする一般的な基準値）を知ること。

そしてもうひとつは、プラス「1」でかまわないので、一般的な基準を超えた「レベル11」の営業について考え、常に実践していくこと。

たった「1」の小さな差でも、ときにはお客様に感動を与えることができます。そして、やがてそれは大きな違いになっていくのです。

本日はありがとうございました！
いやいや、こちらこそありがとね
ザー

第5章

売れる営業マンと売れない営業マンの違い

営業の仕事で「成功する」ためにはどうすればよいのでしょうか。大きな目標を達成するためには、行動や考え方に大事なポイントがあります。

第5章ではいつのまにか大きな差を生むさまざまなポイントを紹介します。

成功する営業の流儀

01	仕事の目的は「やりがい」か「お金」か?	「出世」や「お金」を目的にしたほうが苦しい場面を乗り越えられることも
02	積極的に売れている人のマネをしてみる	営業のテクニックは売れている人のマネを積極的にすることで身につけましょう
03	成功の秘訣は「プライドを捨てる」こと	「小さなプライド」を捨てる勇気を持ちましょう。それが成功への道です
04	落ち込んだときは「直帰」したほうがいい?	気分が重いときも直帰してはいけません。必ず会社に戻って気持ちをリセットしましょう
05	「ほう・れん・そう」が必要な理由は?	ひとりで行動することが多い営業では、「ほう・れん・そう」が問題点を解決してくれます
06	「成功」とは不自然なもの!	「成功とは不自然なもの」が私の持論。自然にしていたら人間は甘いほうへと流されます
07	夢や目標を実現させる方法	自分の夢や目標を手帳やノートに書き出してみましょう。それが実現させる第一歩です
08	逆境のときにすべきことは?	うまくいっているときは人間は何も考えない。どん底のときこそ力がつく
09	営業にとって何よりも大切なこと	営業にとって何より大切なのは自分自身にぶれない理念を持つことです
10	「理念」が最も重要な理由とは?	「理念」が共鳴すれば、損得を凌駕した物凄いパワーが生まれます

01 仕事の目的は「やりがい」か「お金」か？

「出世」や「お金」を目的にしたほうが苦しい場面を乗り越えられることも

みなさんにとって「仕事の目的」とは、どんなものでしょうか？

最近は、新人の頃から仕事に「やりがい」を求める傾向が強く、「人のためになること」や「社会貢献」を望む人たちが増えています。とても素晴らしいことです。決して間違ってはいません。

でも、あえてストレートな物言いをします。営業マン・ウーマンが最初に目的にするのは「出世」や「お金」でよいのではないでしょうか？

新人のうちは実績を上げることだけを考えて、がむしゃらに突き進んだほうが、どんなに辛いことがあっても乗り越えられることでしょう。

営業の仕事には、辛いことがたくさんあります。本当に苦しくなった

スキルUP 「自分のため」にがむしゃらに頑張ったからこそ「今」があります

仕事でいちばん大切なのは「お金」や「出世」ではありません。仕事を通じていろいろな方と出会えた「今」は私もそう確信していますが、最初の頃は違いました。お金や出世を目指して、ただひたすらに突進していました。でも、だからこそ、辛いことがあっても乗り越えることができたのです。そうでなかったら、「今」の自分はありませんでした。ですから、みなさんもまずは「出世」や「お金」のために、がむしゃらに頑張ってみてください。それは、決して恥ずかしいことではありません。それどころか、「かっこいい」くらいです。

ただいま戻りました！
あ、お疲れ様！
また契約いただけたの!? 今月も目標達成なんてすごいね！
今はとにかく目標を利用して自分を成長させるんだ!!

「やりがい」を辛いことからの逃げ道にするんじゃないぞ

ときに自分を支えてくれるのは、やはり「自分」にとって明確で切実な目的意識です。

まず重要なのは、この仕事を続けることです。続けなければ成功はありません。本当に大切なものは「出世」や「お金」ではないことはわかっています。しかし、「やりがい」を求めるのは、経験を積み、実績を伸ばしてからでも決して遅くはありません。

02 積極的に売れている人のマネをしてみる

営業のテクニックは売れている人のマネを積極的にすることで身につけましょう

優秀な営業マン・ウーマンになるためのいちばんの秘訣は、売れている人のマネをすることです。

先輩はもちろんのこと、同期でも後輩でもかまいません。売れている人は、その人なりの「テクニック」を身につけています。まずはそれを「マネ」させていただくのです。

人がやっていることを自分のものにするのはハードルが高いように思えるかもしれません。また、人が身につけたテクニックをマネしたり、見て盗んだりすることには抵抗を感じるかもしれませんが、そんなことを思う必要はありません。難しく考えず、とりあえずはただマネをするだけでいいのです。

できる人たちだって、ほかの誰かから教えてもらったり、見て盗んだりすることで結果を出してきたわけです。

そうして、自分も結果を出すことができるようになったら、それをまた周囲の誰かに教えてあげましょう。それがマネをさせていただいたことへの恩返しになることでしょう。

スキルUP トップセールスになれた理由はたくさんのマネをしてきたことです

私は多くの先輩たちの「マネ」をすることでトップセールスになることができました。「マイ靴べら」も「翌日のハガキ」も「逆さ文字」もすべて先輩のマネです。ですから、もしこの本の中にマネしたいことがあったら、どんどんマネしてください。いわゆるノウハウ本に載っているようなテクニックは難しいかもしれませんが、私がやっていることは「誰でもマネできること」ばかりですから。マネすることから始まった行動が、自分の心に〝気付き〟をもたらしてくれることも多くあります。

先輩たちのマネをして身につけた私のワザ

前の章で紹介した、私の実践している営業テクニックもすべて先輩のマネです

マイ靴べら

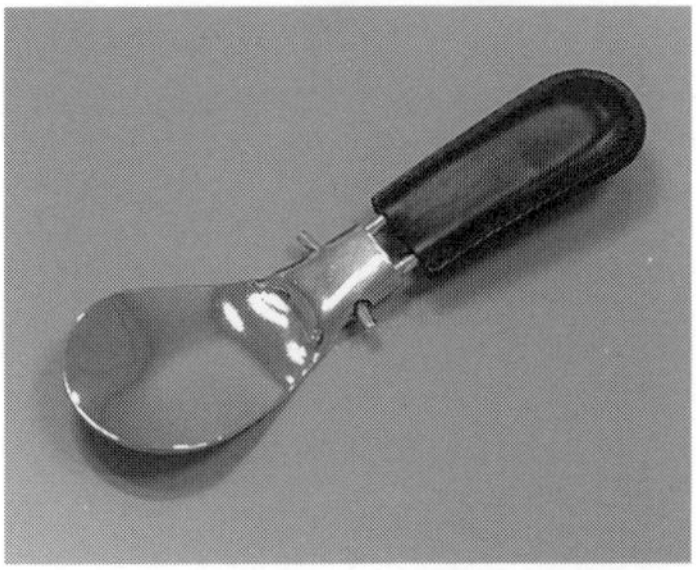

94ページ参照

翌日のハガキ

98ページ参照

逆さ文字

92ページ参照

かばんの下のハンカチ

50ページ参照

03 成功の秘訣は「プライドを捨てる」こと

せ、先輩
あの……
あら、
お疲れ様！
どうしたの？
どうやったら
売れるようになるのか
聞いてみたいけど……
先輩だって忙しそうだし、
きっと
そんな質問する人なんて
いないだろうな……

「小さなプライド」を捨てる勇気を持ちましょう。それが成功への道です

売れる秘訣は、売れている人のマネをすること。前のページでそう書きましたが、一方でなかなかそれができない人も多いのです。

なぜかというと、「プライド」が邪魔をするからです。

先輩に質問したら「そんなこともわからないのか！」と怒られるかもしれない。それが怖くて「先輩は忙しそうだから、話を聞くのは悪い」と自分を正当化してやめてしまう。

同期や後輩をマネできないのは、自分が「下」に思われるのが恥ずかしかったり、悔しかったりするから。

でも「見栄」や「言い訳」にしかならない小さな自尊心は、「つまらないプライド」にすぎません。

成功するために必要なのは、そん

わからないことは素直に質問する

教わりたいことがある場合は、先輩でも同僚でも遠慮せずに質問をしましょう。素直に頼ってくる相手に対しては聞かれたほうも好意的に感じるはずです

小さなプライド
見栄・言い訳
先輩に質問して怒られたら嫌だな
大きなプライド
仕事への誇り
先輩っ 教えていただきたいことがあるんですが！

な自分の弱さを認めて、小さなプライドを捨ててしまうことです。

プライドを「持つ」ことは、実はそれほど難しくありませんが、「捨てる」ことはなかなかできません。それができる人が、優秀な営業マン・ウーマンになっていくのです。

スキルUP 「小さなプライド」を捨てること。そこからすべてがスタートします

売れている先輩に話を聞きに行け。私はいつも後輩にそうアドバイスしているのですが、なかなかみんな聞きに行くことができません。プライドには大きなものと小さなものがあります。「仕事に誇りを持つ」という「大きなプライド」は必要ですが、「小さなプライド」は捨てて、かっこ悪い自分をさらけ出す勇気を持つべきです。「プライドを捨てる」ということは、弱い自分を認めることができるということ。それがすべてのスタートです。

04 落ち込んだときは「直帰」したほうがいい？

はぁ……今日も契約がいただけなかった会社に戻るの嫌だなぁ……
今日の成果はどうだったんだ?

気分が重いときも直帰してはいけません。必ず会社に戻って気持ちをリセットしましょう

契約がいただけなかったり、商談がうまくいかなかったりした日は、気分が落ち込みます。営業の仕事はお客様の訪問や外回りが基本ですから、そのまま自宅に帰ってしまいたくなるものです。

でも、そんなときこそ「直帰」してはいけません。落ち込んだまま、家に帰ってしまうと、翌日もその気分をひきずってしまい、仕事に悪い影響が出ます。それが繰り返されるようになってくると、やがて暗い底なし沼にはまっていきます。ですから新人の頃は必ず会社に戻りました。

会社に戻れば、仲間がいるのです。「今日はうまくいかなくて……」と話をすれば、気分が楽になります。

雑談だけでもかまわないのです。

ただいま
戻りました
ハァ…
おかえり
戻ってくるの
待ってたぞ！
えっ
たまには
私たち同期だけで
飲みに行こ！
みんな仕事が
うまくいかなくてさ……
気分をリセットしたいんだ
部長への報告済んだら
行こうぜ

とにかく大切なのは、どんなに遅くなっても会社に戻って、明日の仕事に向けて気分をリセットすること。

会社に帰りたくない。そんな気持ちが強くなってきたら、危険な兆候です。会社に帰って、負のオーラを吐き出すように心掛けてください。

スキルUP 同じ目的を持つ仲間たちと支え合い、励まし合いましょう

入社してから２年間、私はどんなときでも直帰せず、必ず会社に戻っていました。契約がいただけなくて落ち込むこともたくさんありましたが、その気分を家に持ち帰りたくなかったのです。会社に戻って仲間と話をすると、自分よりも落ち込んでいる人もいたりして、みんな同じなんだと、ずいぶん気が楽になりました。ときには先輩から貴重なアドバイスもいただけました。「自分には仲間がいる」。ただそれだけのことに支えられたり、励まされることもあるのです。

05 「ほう・れん・そう」が必要な理由は?

ひとりで行動することが多い営業では、「ほう・れん・そう」が問題点を解決してくれます

「ほう・れん・そう」は、営業にかぎらず、社会人の基本です。「ほう・れん・そう」とは「報告・連絡・相談」を略した言葉です。

この「ほう・れん・そう」がなぜ必要なのでしょう?

仕事の進行状況や問題点を共有して業務を円滑に進めるため、でもありますが、営業マン・ウーマンにとっては、それだけが理由ではありません。

報告、連絡、相談……どれも他者との繋がりを意味する言葉です。

仕事を進めるうえで、報告したり、連絡したり、相談したりして、決して自分ひとりでは抱え込まないことが大切なのです。

単独で行動することが多い営業の場合は、とくに必要です。ほとんどの人が、自分ひとりであらゆる困難を解決できるほど強くはありません。

「ほう・れん・そう」は、自分をマイナスの世界に入り込ませないようにするためにも必要なのです。

スキルUP 会社は空母、営業は航空機にたとえられます

私は会社を「空母」、営業を「航空機」にたとえています。航空機はひとりで勝手に飛ぶことはできません。母艦や他の航空機との情報交換(ほう・れん・そう)が必要です。また、航空機である以上、永遠に飛び続けることは不可能です。母艦に戻って燃料をチャージしなければなりません。営業にとって大切なのは、「メンタル面」のチャージです。母艦の仲間と話をして気力を充実させてから、また大空に飛び立って行ってください。

「ほう・れん・そう」のポイント

「ほう・れん・そう」の形式を使って、上司に正確に報告内容を伝えましょう。
「いつ」「どこで」「だれが」「なにを」「なぜ」したのかという「5W」と、「いくつ」「いくらで」「どのように」という「3H」を押さえることを意識します

ほう……報告

すでに終わった事柄の結果について、催促される前に報告すること

ポイント 結論→理由→経過の順に要領よく伝える

れん……連絡

予定している未来の事柄について、こまめに連絡すること

ポイント 組織に所属していることを意識し、帰社時刻の変更などもすぐ伝える

そう……相談

問題を解決するためのアドバイスを求めること

ポイント 相談相手の都合に配慮しつつ、タイミングよく行う

5W3Hの実例

When いつ	今日の午前中
Where どこで	○○商事で
Who 誰が	先方の佐藤課長が
What 何を	当社のA商品を
Why なぜ	希望したものと違うため
How どのように	返品し返金してほしい
How many いくつ	10ケースを
How much いくらで	購入した額で

課長、今日の午前中の商談の報告書です
実は、お客様からクレームがありまして……

06 「成功」とは不自然なもの！

先輩
ボクもこの仕事で
成功したいんです！
人と同じことを
していたら成功なんて
無理だぞ……
え？
成功するには
人と違う不自然なほうを
選択し続けることが
必要なんだ！

「成功とは不自然なもの」が私の持論。自然にしていたら人間は甘いほうへと流されます

成功というものが何を指すのかは、人それぞれ違うかもしれませんが、私には実感としてひとついえることがあります。

「成功とは不自然なもの」だということです。少しわかりづらいかもしれませんが、私の持論です。

何度も繰り返しているように、人間は弱いものです。自然にしていたら、甘いほうに流されてしまって、成功しないようにできているものです。

アポ取りを断られ続けてもうやめたくてもあきらめずに「もう1本」と、電話をすることも、夜遅くにわざわざ会社に戻ることも、自然に流されない、いわば不自然な行為です。

つまり、「普通」のことをしていたら成功なんておぼつかないのです。

おつかれ
そろそろ帰ろうぜ
うーん……
帰りたいのは
山々だけど……
成功したかったら
不自然なほうを
選択し続けるんだ！
あと1本
アポイントが
取れたら帰るよ

スキルUP 営業マンとして最も成長できたのは家族と別居した不自然な期間でした

成功とは不自然なもの。私は何か行動するとき、いつもこの言葉を思います。転職したときは、仕事に集中するために会社の近くに部屋を借りて、家族と1年間別居しました。可愛い盛りの娘を思い出して泣くこともあり、我ながら不自然な行為だったと思います。でも営業マンとしていちばん成長できたのは、この苦しい1年間でした。弱い自分を追い込むために、あえて苦しい道を選ぶ。不自然なことの先に成功があると、私は信じています。

成功を目指すのなら、甘さに流されない、不自然なことを続けていくしかありません。

何かに迷ったときは、「不自然」なほうを選んでください。普通ならしないことをするのです。それが成功に繋がる唯一の道です。

07 夢や目標を実現させる方法

うわっ！
先輩、すごい部屋に住んでますね！
どうしたらこんな暮らしができるようになるんですか？
それは手帳に夢を書き出すんだ
手帳に夢を……ですか？

自分の夢や目標を手帳やノートに書き出してみましょう。それが実現させる第一歩です

夢や目標を実現させる方法は、自分の願いを紙に書き出すこと——。

みなさんもそんな話を聞いたことがあるでしょう。非現実的なかんじがするかもしれませんが、私は実際にそういうことがあり得ると信じています。

たとえば、もし時間もお金も自由になるとしたら、自分はどんな生活をしたいのか、とテーマを決めて思いつくままに紙に書いてみます。

あくまで「夢」のつもりで書いてみても、中には自分次第で実現できることも含まれているものです。

それはきっと、自分が無意識にあきらめていた「自分が本当に望んでいること」なのでしょう。

すると、少なくとも「今のままでは

スキルUP 「書いたこと」は必ず実現します

書くことで夢がかなう。私はこの不思議な力を「夢と現実の調整力」と呼んでいます。人間は目標や夢を少しでも意識していると、現実とのズレを感じ取り、勝手にそのズレを調整しようとする力があるのだと、私は確信しています。ズレを調整するべく、手や足や口がおのずと動き出すのです。信じられないかもしれませんが、自分が本当に望んでいることを、まずは書き出してみてください。

必ず叶えたい夢はノートに書く

目標!!
両親を世界一周旅行に連れていく
値札を見ないで買い物をする
社長になる
目標を書き出してみることで自分が現在どういう状態なのか将来どうしたいのかがぼんやりと見えてきたよ

本当に望んでいることを私も手帳に書き出してみよう

いけない」ことがわかります。

それをきちんと意識するために、手帳やノートに夢や目標を書いておく。大きな夢も小さな目標も書き出してみましょう。

自分が本当に望んでいることを書くことに意味があるのです。繰り返し何度も読み返したほうがよりよいのかもしれませんが、書くだけでも、十分その効果はあります。私自身、書いた望みがいつの間にかかなっていた、ということを経験しています。

08 逆境のときにすべきことは?

こんな不況のときに
入社なんて
俺たち
ついてないよなぁ
ああ、
なかなか買って
もらえないもんなぁ
あなたたち、
それはどうかしら?
逆に感謝すべきことかも
しれないわよ!

うまくいっているときは人間は何も考えない。どん底のときこそ力がつく

先の見えない不況が続いています。このような時代に営業の仕事を続けていくのは大変なことですが、あえてこう言います。

「不況でおめでとうございます!」

何をふざけたことを言ってるんだ、と怒らないでください。

手帳に書いたことが実現するのは、夢や目標について「考える」からです。私の会社でいわれていることですが、

考えが変われば行動が変わる
行動が変われば習慣が変わる
習慣が変われば性格が変わる
性格が変われば人格が変わる
人格が変われば人生が変わる

すべての始まりは「考える」ことです。ところが、人間うまくいっている

スキルUP 逆境の中で仕事を始めたことが今では最高の財産だったと実感しています

私が新入社員でリクルートに入社したのは、リクルート事件の後で会社は大変な状況でした。営業先で大声で怒鳴られたり、灰皿を投げられたりするなど、まるでドラマのような逆境の中で営業の仕事を始めたのです。しかし、今ではその経験は最高の財産だったと実感しています。そのどん底のときだったからこそ力がついたと感じているからです。ですから今では、不況に感謝する余裕すらあります。いつかみなさんにもそんな日が来るはずです。

不況だからってめげてる場合じゃないっ!
むしろ仕事のことをきちんと考えるチャンスだよな!

ときは、何事もあまり深く考えないものです。それでも事がうまくはこんでしまうからです。

しかし、物事がうまく進まないときは、頭を働かせて「考える」のです。不況のときや逆境のとき、営業について真剣に考えることは、みなさんにとって素晴らしい財産になるはずです。

人はどん底のときにこそ力がつきます。そのことを頭の片隅に記憶しておいて、本当に苦しいときは思い出してみてください。

不況は嫌ですが、自分の力をつけるいい機会だと前向きにとらえてほしいですね

09 営業にとって何よりも大切なこと

営業にとって何より大切なのは自分自身にぶれない理念を持つことです

営業マン・ウーマンにとって、何よりも大切なものは何でしょうか？　それは「自分の理念」を持つことです。

これまで紹介してきたちょっとしたアイデアはどんどんマネしてください。しかし、もう一歩先のことをいってしまえば、単なるテクニックとしてマネをするだけでは、お客様に感動を与えることまではできません。

お客様は空気を感じる天才です。その行動が何かをマネて、ただ自分を売り込もうとしているだけなのか、それとも、その人が心から行っている行為なのかをすぐに見抜いてしまいます。

どんな行動を取るにせよ、そこには何かぶれない「理念」が必要です。そうでないと、マネはあくまでもマネのままで終わってしまい、自分のものになりません。

自分はどんな営業を目指すのか？
お客様とどう接していくのか？
自分はこの仕事で誰を幸せにしたいのか？
自分はなぜこの仕事をしているのか？
「自分の理念」とはいったいどういうものなのか？

とても重要なことです。一度じっくりと考えてみてください。

……
あんな細かいことまで……
本当に、私のことを考えてくれてるんだな

スキルUP 相手を敬う気持ちが芽生えて「モノマネ」が「ホンモノ」になりました

営業の仕事を始めた当初、かっこいい大人の営業マンに憧れて、ただ人のマネをしていただけでした。この本で紹介してきたアイデアも、成績を上げるために、お客様の心をつかもうと考えたものばかりです。そんな計算から始めたことですが、それだけでは終わりませんでした。単なる物マネだった行動にも「相手を敬う」「感謝する」という心が芽生え、それが自分自身の理念となってきたのです。お客様を敬う気持ちが相手に伝わり、結果的に営業の成績が好転したわけです。

10 「理念」が最も重要な理由とは？

私は営業にとって最も大切なものは「理念」だと思っています
そんな観念的なことよりも、とにかく売れる方法を教えてほしいよ……
ビクッ
!?
そこのあなた
あなたはなぜ「理念」が重要だと思いますか？

「理念」が共鳴すれば、損得を凌駕した物凄いパワーが生まれます

人間は「理念」に共鳴して生きる生き物です。共鳴している相手には「馬が合う」とか「価値観が一緒」と感じたりすることもあります。

あなたの周りにいてくれる人は皆、実はあなたの理念に共鳴してくれています。

仕事においても一緒です。理念が共鳴すれば、仲間が生まれ、お客様とも親密なお付き合いができます。

そのために必要なのは、理念を口に出して熱く語ることです。

どんな世界でも成功した人は、常に熱い理念を語り続けた人。たとえば自分がやっている仕事が誰かを幸せにする、誰かを笑顔にする、そんな理念を強く持って、多くの人に語り続けることが大切なのです。

新入社員
講習会
俺にとっての「理念」って何だろう……
ありがとう！
!!
そうか！
この言葉だ！
誰かに
喜んでもらいたいと思う……
これが俺の「理念」なんだ

営業にとって最も大切なのは、理念を持って仕事をしていくこと。小手先のテクニックよりも「心」が実はいちばん重要なのです。理念が共鳴したときは、損得を凌駕した物凄いパワーが生まれます。

あなたの「理念」は何でしょうか？

スキルUP

理念を語り続けることで実績にも差が生まれます

「理念を語っても、商品が売れなければ意味がない」と思う人もいるでしょう。でも、実はそうではありません。お客様が見ているのは「商品」だけではありません。会社の企業理念、営業の気遣いや思いやり、仕事に対する理念、人生観や価値観。そういったものすべてを感じ取って、お客様は商品を購入されるのです。同じ商品なのに、人によって実績の差が生まれる理由はそういうところにあるのではないでしょうか？

Check!

営業力チェックリスト……5

売れる営業マン・ウーマンになるためのポイントをチェックしましょう。

□ 01 仕事の目的は「やりがい」か「お金」か?

新人はがむしゃらに突き進んだほうが辛いことも乗り越えられます。仕事の目的は「出世」や「お金」ではありませんが、「やりがい」を求めるのは実績を積んでからで十分です。

□ 02 積極的に売れている人のマネをしてみる

優秀な営業マン・ウーマンになるためのいちばんの近道は売れている人のマネをすることです。できる人たちもほかの人のテクニックをマネて結果を出してきたのです。

□ 03 成功の秘訣は「プライドを捨てる」こと

小さな自尊心は捨てる勇気を持ちましょう。自分の弱さを認め、「つまらないプライド」は捨てる。それができる人が優秀な営業マン・ウーマンになっていくのです。

□ 04 落ち込んだときは「直帰」したほうがいい?

商談がうまくいかなかったときこそ、直帰はせずに、会社に戻って気持ちをリセットしましょう。会社に戻れば仲間がいます。話をするだけでも、気分が楽になるはずです。

05

□ **「ほう・れん・そう」が必要な理由は？**

単独での行動が多い営業の仕事では、物事をひとりで抱え込んでしまいがちです。そうならないために、「報告・連絡・相談」を行い、仕事を進めていくようにしましょう。

06

□ **「成功」とは不自然なもの！**

人は自然にしていたら甘いほうに流されてしまうもの。ですから成功するためには、常にその逆の方向に向かわなければいけません。「成功とは不自然なもの」は私の持論です。

07

□ **夢や目標を実現させる方法**

自分の夢や目標を本音で手帳やノートに書き出してみましょう。書いて考えることで、夢や目標を実現させようとする力が働くのです。

08

□ **逆境のときにすべきことは？**

逆境のときほど、頭を働かせて考えましょう。考えが変われば行動が変わり、行動が変われば習慣も変わる。習慣が変われば性格が変わり、性格が変われば人生も変わるのです。

09

□ **営業にとって何よりも大切なこと**

営業マン・ウーマンにとって最も大切なものは、「自分の理念」を持つことです。ぶれることのない敬意や感謝の気持ちがお客様に伝わり、私は多くの信頼関係を築けました。

10

□ **「理念」が最も重要な理由とは？**

理念が共鳴すれば仲間が生まれ、仕事においてはお客様と親密なお付き合いができます。営業マン・ウーマンは小手先のテクニックより「心」をいちばん大切にしましょう。

今の自分は「どんな営業」なのか考えてみよう

営業としてもっと成長するためには、何をしたらいいのでしょうか？

まずは己を知ることが大事だとよくいわれますが、営業の場合、もっと重要なのは、お客様がどう思っているのかを知ることとです。

第4章のコラムでも書きましたが、まずは自分の業界の営業マン・ウーマンに対して、お客様はどんな共通したイメージを抱いているのか、服装から言動や行動などすべてについて、お客様の目線で考えることが大切です。それが自分を成長させるスタート地点となります。

次に、お客様の中で共通している一般的な営業マン・ウーマンのイメージを「レベル10」だとしたら、今の自分のレベルはどれくらいなのかを考えてみてください。

基準値となる営業マン・ウーマンのレベルに達していないようなら、まだレベル8や9なのかもしれませんし、とりあえず普通レベルのことはできているのなら、レベル10ということになるでしょう。

そのうえで「プラス1」となる言動や行動を考えていくのです。

たとえば、お客様からアポのキャンセルの連絡があったときに「そうですか……」と思わず残念そうな声を出してしまうのが「レベル10」の対応です。「まったく問題ありません。お忙しいのにお電話をいただいて、ありがとうございます」とにこやかに返して、最後に「お仕事、頑張ってください！」とひと言つけ加えられるのが「レベル11」です。

いずれにしても、お客様が抱く一

アポイントがキャンセルされてしまって残念だけど……
まったく問題ありませんお忙しいのにご連絡ありがとうございます

般的なイメージに対して今の自分はどんなレベルにあるのかをきちんと認識することが、自分を成長させていくための出発点になります。

お客様がイメージする「レベル10」の営業マン・ウーマン像がわからないという人もいるかもしれませんが、よく考えてみてください。

あなたは営業であると同時に「お客様」でもあるのです。食事をするときも、買い物をするときも、あなた自身がどこかで「お客様」になっているはずです。生活全般を考えたら、むしろその時間のほうが長いでしょう。

そんな自分の中の「お客様目線」と「営業としての自分」を比較しながら、普通よりちょっと上の「レベル11」の営業を目指していくのです。

お客様から「あなたみたいな人は初めてです」と言われたら、「レベル11」に達した証かもしれませんよ。

おわりに

本書を最後までお読みいただき、ありがとうございました。

この本は、新社会人の方が読むのと、３年目や５年目、あるいは10年目の社会人の方が読むのとでは、感じ方が大きく異なると思います。というのも、新人のころに大切だと思うことと、経験を重ねた後に大切だと思うことは違うからです。また、人は経験を重ねていくうちに忘れてしまうことが、意外と多いということもその理由でしょう。

私の経験から言うと、何年目にせよ、仕事で結果を生むために必要なことは、２つのことだと思います。それは、「気配り」と「本気」。この本に書かせていただいた内容も、大きくはこの２つに関することです。

気配りをすることも本気で取り組むことも、どちらもたいへんな努力が必要です。しかし、この２つを妥協せずに続けることができれば、必ず結果を生み出せます。約束します。

本を読むことは誰にでもできます。問題は行動できるかどうかです。もし何かを感じることができたなら、すぐに行動に移してみてください。皆さんの明日が今日よりも充実したものになるはずです。

最後になりますが、この本が形になるまで本当に多くの方にご尽力いただき、また、ご迷惑をおかけしました。プルデンシャル生命の関係者の方々、広報の林さん、アシスタントの宮本さん、ありがとうございました。そして、ヴュー企画の金戸さん、池上さん、谷田さん、いろいろとご面倒をおかけしました。ありがとうございました。

多くの方々の協力があってできあがった本書が、一人でも多くの営業マン・ウーマンに力を与えてくれることを信じています。

川田　修

川田　修（かわだ　おさむ）

プルデンシャル生命保険株式会社　エグゼクティブ・ライフプランナー
1966年東京都墨田区生まれ。慶應義塾大学法学部卒業。小学校５年生から大学４年生までサッカー漬けの生活を送り、89年株式会社リクルートに入社。入社から退職までの96カ月のうち、月間目標を95カ月達成、部署最優秀営業マン賞を数回、また全社年間最優秀営業マン賞も受賞する。
97年プルデンシャル生命保険株式会社に入社。営業職の最高峰であるエグゼクティブ・ライフプランナーに昇格。2001年度の年間営業成績（社長杯）でトップとなり、全国約2000人中の1位のPT（President's Trophy）を達成する。
現在は、エグゼクティブ・ライフプランナーとして活動するかたわら、さまざまな業界、企業からの依頼を受け、「お客様は商品だけでなく周りの空気を買っている」「顧客満足度とは？」「紹介による顧客開拓」などをテーマにした講演も数多くこなすなど、営業のプロフェッショナルとして多彩な活動を行っている。著書『かばんはハンカチの上に置きなさい――トップ営業がやっている小さなルール』（ダイヤモンド社）は2009年の発売以来、ロングセラーとして多くの営業マン・ウーマン、経営者に支持され、韓国、台湾でも翻訳がベストセラーとなっている。

　この本のご意見・ご感想などありましたら、メールをお送りいただけると幸いです。
shiroi_hankachi@yahoo.co.jp
（必ず全部読ませていただきます）

　また、講演のご依頼は以下までお願いします。
http://www.business-talent.com/
　さまざまな業種で講演をさせていただいています。私は書くよりも話すほうが得意です（笑）。

参考文献

『かばんはハンカチの上に置きなさい』川田修著（ダイヤモンド社）
『知識ゼロからのビジネスマナー入門』弘兼憲史著（幻冬舎）

装幀　石川直美（カメガイ デザイン オフィス）
装画　弘兼憲史
本文漫画　フクダ地蔵
本文デザイン　㈲プッシュ
本文DTP　㈲ファインアーツ
編集協力　ヴュー企画（池上直哉　金戸芽木）
協力　谷田俊太郎
編集　鈴木恵美（幻冬舎）

知識ゼロからの営業入門

2012年1月25日　第1刷発行
2013年2月5日　第2刷発行

著　者　川田　修
発行人　見城　徹
編集人　福島広司

発行所　株式会社 幻冬舎
〒151-0051　東京都渋谷区千駄ヶ谷4-9-7
電話　03-5411-6211（編集）　03-5411-6222（営業）
振替　00120-8-767643
印刷・製本所　株式会社 光邦

検印廃止

ISBN978-4-344-90239-8 C2095
Printed in Japan
幻冬舎ホームページアドレス　http://www.gentosha.co.jp/
この本に関するご意見・ご感想をメールでお寄せいただく場合は、comment@gentosha.co.jpまで。